Pawe

MW01230415

Sebastian

Zdążyć
na
CZAS

Gdy walka o życie dziecka
zaczyna się na nowo

Redakcja: Joanna Sosnówka
Korekta: Anna Gajowniczek
Projekt okładki i opracowanie graficzne: Małgorzata Sokołowska
Skład: InkWander

ISBN: 9788397063013

Copyright © 2024 by Paweł Mikulicz
Copyright © 2024 by Limitless Mind Publishing
All rights reserved.

Limitless Mind Publishing Ltd
15 Carleton Road
Chichester
PO19 3NX
England
Tel. +44 7747761146
Email: office@limitlessmindpublishing.com

Drogi Czytelniku!

*Znajdź nas na **Facebook/Instagram**:*
limitless mind publishing

*Odwiedź naszą stronę na **Amazon***
wpisując w wyszukiwarkę limitless mind publishing
lub skanując kod, aby zobaczyć nasze inne pozycje.

♥ *Będziemy bardzo wdzięczni za **Twoją opinię na temat książki**.*
To znaczy dla nas wiele.

Dla mojego syna

Od Autora

Cokolwiek potrafisz lub myślisz, że potrafisz, rozpocznij to!
Odwaga ma w sobie geniusz, potęgę i magię.

Johann Wolfgang von Goethe

Wyobraź sobie moment, gdy Twoje życie zostaje przewrócone do góry nogami. To uczucie, gdy nagle musisz stawić czoła kolejnej chorobie swojego dziecka, która przychodzi niezapowiedziana. Ta historia zabierze Cię w podróż przez nieznane, prowadząc od głośnych koncertów heavymetalowych aż po kościelne modlitwy. Jest to opowieść o niezłomnej determinacji rodziców, którzy stawiają czoła kolejnemu bolesnemu wyzwaniu. Po trzech latach względnego spokoju ich życie ponownie zostaje przetasowane. Wir emocji, miłość, stres i bezradność wracają z podwójną siłą.

Przekonasz się, że zachowanie spokoju jest kluczem do tego, aby emocje nie miały nad Tobą kontroli. Dowiesz się, jak działać, by zrobić wszystko, co najlepsze dla swojego dziecka. Odkryjesz najgłębsze zakątki swojego serca. Sebastian „Zdążyć na czas" jest nie tylko historią jednej rodziny, ale także inspirującym przypomnieniem o sile, jaką posiadamy w sobie, gdy kochamy i walczymy dla naszych najbliższych.

Zacznijmy więc od początku...

Spis Treści

Wstęp

Miłość jest czymś najmocniejszym na świecie, a jednak nie można wyobrazić sobie nic bardziej skromnego.

Mahatma Gandhi

Jest to już moja kolejna książka, która miała w ogóle nie istnieć! A jednak... Życie potoczyło się tak, że napisałem kolejną historię prosto z serca. Ale zanim zacznę, cofnijmy się sześć lat, kiedy urodził się nasz syn, Sebastian.

Był grudzień 2015 roku. Ja i moja żona niecierpliwie czekaliśmy na narodziny naszego pierwszego dziecka. Na Święta Bożego Narodzenia przyjechała moja mama wraz z młodszym bratem. Spędziliśmy spokojną wigilię, a niedługo potem miało nastąpić rozwiązanie.

Za oknem pogoda nie była łaskawa. Zamiast śniegu padał deszcz, a czasem powiewał mocniejszy wiatr. Wszyscy zastanawialiśmy się, jak nasz synek będzie wyglądał. Ile włosków będzie miał na głowie? Jaki będzie mieć kolor oczu?

Trzymałem rękę na brzuchu mojej żony, niecierpliwie oczekując na narodziny dziecka. W dniu wyznaczonym na poród pojechaliśmy do szpitala. Będąc na miejscu, podeszliśmy do recepcji. Pani w okienku wskazała nam drogę, gdzie znajdowała się porodówka. Zadzwoniłem, kładąc palec na domofonie. Wpuścili nas do środka. W rejestracji powiedziałem, że żona ma na dzisiaj wyznaczony termin porodu. Czekając na odpowiedź, położyłem na ziemi różową torbę, którą wzięliśmy z domu. Była dość ciężka. Nie mieliśmy pojęcia, co spakować. Dlatego włożyliśmy do torby wszystko, co uznaliśmy, że się przyda.

Młoda brunetka, która siedziała naprzeciwko mnie, powiedziała, żebyśmy wrócili do domu, jeśli nie ma jeszcze skurczy. Byliśmy w szoku. Nie przypuszczaliśmy, że tak wyglądają procedury. Pojechaliśmy więc do domu. Wytłumaczyliśmy mojej mamie, co nam powiedzieli w szpitalu. Było już późno, więc położyliśmy się spać.

Z głębokiego snu wybudziło mnie zapalone światło w sypialni. Ewa powiedziała, że chce jechać już do szpitala, ponieważ czuje skurcze. Przemyłem twarz zimną wodą, aby się obudzić. Ubrałem się. Następnie pomogłem żonie zejść ze schodów i narzucić kurtkę. Udaliśmy się w stronę samochodu. Torba była już w bagażniku. Nie zdążyliśmy jej wyciągnąć od naszej poprzedniej wizyty.

Będąc już w szpitalu, udaliśmy się od razu na salę. Ewa chciała urodzić Sebastiana w basenie. Niestety, ale żeby móc urodzić dziecko w basenie, poród musiałby trwać krócej. Wzięli więc moją żonę na łóżko. Tam dostała znieczulenie w postaci gazu i, po najdłuższych w naszym życiu, ponad dwudziestu godzinach urodziła. Ewa, przytulając pierwszy raz synka, rozpłakała się. Były to jednak łzy szczęścia. Udało się! Trzydziestego grudnia przyszedł na świat nasz synek, Sebastian. Byłem wzruszony. Towarzyszyło mi niesamowite uczucie. Nigdy wcześniej nie byłem tak szczęśliwy. Przy maluszku zostały przeprowadzone rutynowe badania. Następnie, gdy wszystko było w porządku, zostaliśmy wypisani do domu.

Była zima. Ubraliśmy maluszka w ciepłe ubranka. Delikatnie wsadziłem synka do fotelika samochodowego. Przykryliśmy go kocykiem i udaliśmy się w stronę wyjścia.

Z początku rodzicielstwo wydawało nam się bardzo trudne. Powoli uczyliśmy się opieki nad małym dzieckiem. Wszystkie suche teorie, o których mówiono nam wcześniej, okazały się niewystarczające. Rzeczywistość była zupełnie inna, a na domiar złego moja żona doświadczyła szoku poporodowego. Na szczęście, po pewnym czasie ten stan jej minął. Cieszyliśmy się życiem. Obserwowaliśmy, jak nasze dziecko rośnie, stawia pierwsze kroki i wypowiada pierwsze słowa.

Gdy Sebastian miał trochę ponad trzy lata, urodziła się nam córeczka. Chcieliśmy mu dać rodzeństwo. Niestety, ale przedporodowa

diagnoza wykazała, że dziewczynka urodzi się z rozszczepem kręgosłupa w odcinku lędźwiowo-krzyżowym. Tak też się stało. Kolejne powikłania sprawiły, że nasza córeczka walczyła o życie przez ponad
sześć miesięcy od chwili narodzin. Rozszczep kręgosłupa sam w sobie
nie był tak poważny, jak powikłania które wynikły z czasem. Codzien-
na walka o zdrowie Natalii, dojeżdżanie do szpitala, stres, łzy, hospi-
cjum, emocje, bezradność, walka z lekarzami. To wszystko towarzyszyło nam niemal codziennie. Nie będę jednak teraz tego szczegółowo
opisywał, ponieważ całą jej historię można przeczytać w mojej pierwszej książce „Natalia. Pozostało tylko wierzyć. Czy miłość rodziców
ocali życie dziecka?".

Nasze życie toczyło się dalej. Bywały lepsze dni oraz te gorsze. Dzieci
rosły. Ja chodziłem do pracy na magazynie, a żona zajmowała się domem. Wszystko zmieniło się w lutym 2022 roku, kilka dni po moich
trzydziestych drugich urodzinach. Niestety, życie znów postawiło nas
przed trudnym wyzwaniem. Musieliśmy zmierzyć się z kolejnym
koszmarem, który powrócił po ponad trzech latach.

Szok i niedowierzanie

Nigdy nie pozbawiaj nikogo nadziei, może to wszystko,
co mu zostało.

H. Jackson Brown Jr.

Był czwartek, trzeciego lutego, dzień moich trzydziestych drugich urodzin. Akurat wziąłem sobie w pracy dzień wolny. Chciałem go spędzić z moją kochaną rodziną.

Za oknem prószył śnieg. Patrząc przez okno na spadające płatki śniegu, delektowałem się świeżo zaparzoną kawą. Po jakimś czasie reszta domowników wstała, składając mi życzenia prosto z serca. Cieszyłem się każdą chwilą.

Ubraliśmy Sebastiana do szkoły. Po śniadaniu zawiozłem go na lekcje. W drodze powrotnej wstąpiłem do sklepu na małe zakupy. W supermarkecie zawsze szukałem kasy z ekspedientką. Strasznie irytowały mnie kasy samoobsługowe, które lubiły się zacinać.

Wróciłem do domu. Rozpakowałem zakupy. Usiadłem w salonie z zieloną herbatą. Przyszła do mnie córeczka, aby się przytulić. Wyciągnąłem ją z chodzika i posadziłem na kanapie koło siebie. Przytuliła się do mnie, kładąc swoją główkę na mój brzuch. Śnieg dalej prószył za oknem, a my cieszyliśmy się chwilą.

Po chwili wziąłem ją na swoje ręce i poszliśmy do jej pokoju. Bawiłem się z nią jej ulubionym koszykiem na zakupy, Natalia była sprzedawczynią, ja zaś klientem. Obok stała dziecięca kuchenka, którą zaczęliśmy się zajmować zaraz po skończonej zabawie w sklep. Córka uwielbiała przyrządzać rozmaite dania z plastikowych warzyw i owoców.

Ewa zaś podjechała do sklepu po ciasto urodzinowe, którego zapomniałem kupić. Za tortami nie przepadałem. Za to pyszny jabłecznik zawsze był w domu mile widziany. Schowałem zakupiony kawałek ciasta do lodówki. Chcieliśmy zaczekać, aż Sebastian wróci ze szkoły. W międzyczasie odebrałem parę telefonów z życzeniami od rodziny. Po skończonej zabawie z córką zeszliśmy na dół. Natalia usiadła przy stole w kuchni w specjalnie dostosowanym krzesełku, po czym zaczęła rysować na dużej kartce papieru. Ja zaś wstawiłem wodę na naszą ulubioną kawę, której mieliśmy ochotę się z Ewą napić. Usiadłem w kuchni naprzeciwko córeczki, czekając, aż czajnik zagwiżdże. W przerwach od połączeń przeglądałem na telefonie media społecznościowe.

Świeczki z trójką i dwójką przyszło mi zdmuchnąć około godziny szesnastej trzydzieści. Za oknem było już ciemno. Jedyne światło na zewnątrz dawała lampa uliczna. Śnieg dalej padał, a my siedzieliśmy całą rodziną do wieczora, grając w różne gry planszowe oraz oglądając swoje ulubione filmy.

Na następny dzień rano musiałem wstać do pracy. Dzieci położyliśmy spać koło godziny dwudziestej. Po tak wspaniale spędzonym dniu udałem się do łóżka. Byłem zmęczony. Nastawiłem budzik na czwartą rano i zasnąłem w mgnieniu oka.

Kiedy wróciłem do domu następnego dnia, Ewa powiedziała mi, że Sebastian złapał lekki kaszel. Dodała, że poszedł do szkoły normalnie na lekcje. Odpowiedziałem jej, że to nic poważnego. Organizm sam to zwalczy, a jak nie pomogą domowe sposoby, udamy się do lekarza po antybiotyk, by dziecko się nie męczyło.

Przed odebraniem syna ze szkoły pojechałem na siłownię. W tym roku miałem zaplanowane starty w biegach z przeszkodami, więc starałem się dbać o swoją kondycję. Po skończonym treningu pojechałem prosto pod szkołę. O godzinie piętnastej trzydzieści odebrałem Sebastiana ze szkoły. Faktycznie, co jakiś czas lekko kaszlał. Okres zimowy zawsze płatał nam figle i przynosił do domu różne choróbska. Przeważnie było to przeziębienie.

W domu podaliśmy mu kompot z malin. Sebastian wypił dwie szklanki ciepłego napoju. Był bardzo zmęczony, więc poszedł spać.

Wraz z Ewą spojrzeliśmy w notatki szkolne. Do przepracowania w domu miał pisanie liter oraz cyfr. Do tego była do przeczytania niewielka książka. Wspólnie stwierdziliśmy, że lekcje mogą poczekać, aż Sebastian poczuje się lepiej. Mieliśmy czas, ponieważ wszystkie lekcje zadane były na przyszły tydzień.

Syn przebudził się pod wieczór. Nie wstawał z łóżka. Zawołał tylko mamę, aby przyniosła mu kompot na górę. Ewa nie była pewna, czy puścić go do szkoły następnego dnia. Kładąc Natalkę spać, powiedziałem Ewie, by do mnie jutro napisała, jak będę w pracy. Chciałem wiedzieć, czy dziecko poszło do szkoły, czy zostało w domu.

Zeszliśmy na dół, żeby jeszcze trochę pooglądać telewizję. Ewa co jakiś czas przychodziła do Sebastiana, by zmierzyć mu temperaturę. Około godziny dwudziestej trzeciej poszliśmy spać.

Obudziwszy się rano, zajrzałem do pokoju syna. Był cały spocony i spał nerwowo. Kręcił się z boku na bok, jednocześnie odkopując kołdrę. Obudziłem Ewę i powiedziałem jej, by o siódmej rano, kiedy otworzą recepcję w przychodni, zadzwoniła i umówiła wizytę. Wiem, że warunki pogodowe nie sprzyjały do tego, by wychodzić z domu, szczególnie z małym dzieckiem w wózku. Musiałem jednak wziąć rano auto, by dostać się do pracy. Powiedziałem jeszcze, by koniecznie dała mi znać, co powiedział lekarz oraz jaki lek przepisał.

Kiedy zacząłem swoją przerwę w pracy o godzinie dziesiątej trzydzieści, spojrzałem na telefon. Nie dostałem jeszcze żadnej informacji od żony. Nic nie przyszło, tylko jakieś powiadomienia, maile i inne mniej znaczące rzeczy. Minęło kolejne dziesięć minut, kiedy przyszła wiadomość od Ewy. Lekarz stwierdził, że Sebastian klatkę piersiową ma czystą. Zalecił również, aby dziecko dużo piło i odpoczywało w domu. Żadnego antybiotyku bądź innego leku mu nie przepisał. Jakby dziecko dostało temperatury, należy podać mu paracetamol dla dzieci na zbicie gorączki. Uspokoiła mnie ta wiadomość.

Po zakończonej przerwie wróciłem na magazyn. Swoją zmianę kończyłem o godzinie czternastej. Po pracy pojechałem prosto na siłownię, by zrobić swój trening. Największym wyzwaniem, jakie sobie postawiłem w tym roku, był bieg Ultra Warrior oznaczający pięć godzin biegania. Do tego trasa naszpikowana przeszkodami, błotem oraz ogniem. Jedna pętla trasy liczyła sobie dwanaście kilometrów. Cała zabawa polegała na tym, by zrobić tych okrążeń jak najwięcej w wyznaczonym limicie czasowym. Swój start miałem dopiero w czerwcu. Miałem więc dużo czasu na przygotowania. Pod znakiem zapytania stały jeszcze moje mistrzostwa Świata Spartan Race w Grecji, które miały odbyć się w listopadzie. Nikt nie wiedział, czy ze względu na wirusa nie przełożą imprezy na kolejny rok, tak jak to miało miejsce w poprzednich dwóch latach. Totalna loteria. Organizatorzy zapewniali, że w tym roku mają być poluzowane restrykcje i impreza się odbędzie.

Po skończonym treningu wróciłem do domu. Sebastian odpoczywał, grając na konsoli, przykryty kocem. Obok, na ławie w salonie, stał kubek z ciepłym kompotem. Spytałem się żony, jak się czuje syn. Odpowiedziała, że kaszle tak jak wczoraj, ale pije więcej płynów, by zwalczyć to przeziębienie. Spędziłem z nim resztę dnia. Graliśmy razem w gry wyścigowe, by było mu raźniej. Od jakiegoś czasu strasznie interesowały go szybkie samochody. Zdążył zgromadzić już sporą kolekcję samochodzików, którymi bawił się codziennie, przeważnie ze mną. Sebastian nie lubił bawić się samemu i za każdym razem potrzebował towarzystwa. Tego dnia wszystkie sportowe auta stały nienaruszone. Nie miał ochoty na zabawę żadną zabawką. Dość szybko poszedł spać. Nie było nawet dziewiętnastej, a Sebastian leżał już w łóżku, przytulając swoją ulubioną maskotkę. Z jakiegoś nieznanego mi powodu zawsze zasypiał w pozycji embrionalnej. Kulił się w kłębek i momentalnie zasypiał. My również, zmęczeni po całym dniu, położyliśmy się do łóżka, kładąc wcześniej Natalkę spać.

Do pracy wstałem niewyspany. Co jakiś czas przebudzałem się w nocy i słyszałem, jak Ewa chodziła do pokoju syna, aby obserwować, jak się czuje. Noc na szczęście przespał całą, ale rano wstał cały spocony. Ubrania były tak mokre, jakby ktoś wylał na niego wiadro wody.

Pojechałem do pracy. Zanim wsiadłem do samochodu, poprosiłem Ewę, aby na bieżąco mi pisała, czy jest lepiej, czy gorzej. Myśląc cały czas o tym, co się dzieje w domu, nie byłem w stanie skupić się na moich obowiązkach. Szczególnie, że Natalia również wymagała opieki oraz rehabilitacji. Tak bardzo chciałem być w domu, lecz moja sytuacja finansowa mi na to nie pozwalała.

Do końca zmiany dostałem tylko informację, że Sebastian dalej się poci, ale nie ma temperatury. Wróciłem do domu po czternastej. Dziecko znowu grało na konsoli. Ewidentnie było widać, że się nudzi, a szybkie samochody pozwalały mu zabić czas. Faktycznie, był cały czas spocony. W ciągu dnia ubrania miał zmieniane trzy razy.

Żona powiedziała mi, że jutro rano ponownie zadzwoni do przychodni. Poprosi, aby zbadali go jeszcze raz i przypisali mu jakiś antybiotyk, by tak się nie męczył. Tak też zrobiła, ale lekarz po zbadaniu stwierdził, że dziecku nic nie jest, klatkę piersiową miał czystą. Zalecił kontynuację tego, by dziecko piło dużo płynów. Tłumaczył się tym, że jest okres zimowy i przeziębienia są dość częste.

Minął kolejny dzień. Do kaszlu doszła jeszcze gorączka. Sebastian pocił się cały czas. Nieważne, czy był przykryty, czy odkryty. Gdy temperaturę udało się zwalczyć, to po jakichś dwóch godzinach wróciła. Daliśmy mu lek dla dzieci, aby mógł przespać noc. Takie sytuacje powodowały u mnie dość duże zmęczenie. Ranne wstawanie do pracy oraz pomoc w domu wysysały ze mnie resztki sił. Ze zmęczenia wspomagałem się większą ilością kofeiny. Musiałem na te parę dni odpuścić sobie treningi. Moja pomoc w domu była teraz priorytetem.

Czas mijał. Przeziębienie nie ustępowało. Temperatura stale się podnosiła. Raz była gorączka, potem opadała, a potem znów wracała.

Na domiar złego Sebastian zaczął wyglądać blado. Widoczne było na nim duże zmęczenie. Stracił apetyt na wszystko. Nawet ulubione jedzenie mu nie smakowało.

Podczas pracy odebrałem telefon od żony. Poprosiła mnie, abym tego dnia zwolnił się z pracy i przyjechał do domu. Chciała zabrać go na ostry dyżur, aby go zbadano.

Natychmiast wróciłem do domu. Zostawiłem samochód na podjeździe, nie wyłączając silnika. Ewa wraz z Sebastianem i Natalką czekali już przed drzwiami. Wsadziliśmy dzieci do samochodu. Sprawdziłem, czy dom jest zamknięty, następnie ruszyłem w trasę.

Skupiłem się na drodze. Do szpitala mieliśmy trzydzieści minut jazdy. W międzyczasie zadzwoniono na oddział, że zmierzamy do nich i będziemy tam za dwadzieścia minut. Dotarliśmy na miejsce. Ewa z Sebastianem udali się na ostry dyżur. Ja pozostałem na parkingu z Natalką. Było zimno, więc nie chcieliśmy jej wyciągać z samochodu. Gdy czekałam na informację, szyby w samochodzie zaczęły parować. Od czasu do czasu włączałem silnik, aby trochę nas ogrzać. Przed godziną czternastą odebrałem telefon, a Ewa powiedziała mi, że muszą przeprowadzić jeszcze kilka badań. Prawdopodobnie zostaną w szpitalu na noc. Sebastian nadal miał gorączkę. Ustaliliśmy, że wrócę do domu i spakuję najpotrzebniejsze rzeczy. Szczególnie teraz potrzebne mu było dużo ubrań na zmianę.

Wróciłem do domu z Natalią. Przebrałem ją, włączyłem jej ulubioną bajkę i zacząłem pakować torbę. Kiedy chowałem ulubioną koszulkę syna do torby, zadzwonił telefon od Ewy. W słuchawce telefonu słyszałem tylko płacz, który był mi już bardzo dobrze znany. Nie chciałem tego, ale stanowczo powiedziałem do niej, żeby wytłumaczyła mi, o co chodzi. Z autopsji wiedziałem, że tylko w ten sposób będę w stanie ją uspokoić.

Minęła dłuższa chwila. W końcu była w stanie z siebie wydusić jakieś zdanie. Mianowicie po zbadaniu krwi okazało się, że dziecko ma strasznie niski poziom płytek krwi. Konieczna jest natychmiastowa transfuzja w szpitalu dziecięcym w Leeds. Dodała, że szykują karetkę do transportu jej oraz Sebastiana. Potem się rozpłakała jeszcze bardziej i ledwo była w stanie powiedzieć, że podejrzewają raka.

Odpowiedziałem: „Jakiego raka?" Prosiłem, żeby powiedziała mi wszystko bardziej zrozumiale. Nie byłem w stanie połączyć w całość chaotycznie przekazywanych przez nią informacji. Uspokoiła się tylko troszkę. Lekarze, widząc objawy, wstępnie powiedzieli, że może to być białaczka, ale szczegółowe badania zostaną zrobione w Leeds.

Osłupiałem. Pierwsze, co przyszło mi do głowy, to to, że lekarze znowu straszą. Ile razy tak było, kiedy walczyliśmy o życie Natalki? Wiecznie tylko straszenie i co się może najgorszego stać. Schemat był mi dobrze znany. Poprosiłem tylko Ewę, żeby się uspokoiła, wiedząc, że i tak to nie pomoże. Zbyt dobrze znałem moją żonę, ale co innego mi zostało, niż tylko takie słowa? Zaraz przed końcem rozmowy dałem jej znać, że przyjadę jutro do szpitala pociągiem z Natalią i na spokojnie wszystko ogarniemy. Rozłączyłem się.

W mojej głowie automatycznie ukazał się obraz sprzed ponad trzech lat. Takie przebłyski. Peron, pociąg, droga do szpitala, bezdomny z długą, siwą brodą, siedzący ze swoim psem przy drzewie niedaleko wejścia, sklepik, winda, i ten napis... „Witamy w szpitalu dziecięcym" powieszony na cegłach zaraz przed głównym wejściem. Otrząsnąłem się z myśli i przeszły mnie dreszcze. Nie podejrzewałem, że to wszystko wróci. Będąc osobą, która ze swoim drugim dzieckiem spędziła bardzo dużo czasu w szpitalu, wiem, że nie wszystko się sprawdza po wstępnej diagnozie.

W ten dzień nie dzwoniłem już do Ewy. Poprosiłem ją tylko, aby odpoczęła, jak tylko znajdzie na to czas. Nastał wieczór. Położyłem Natalkę spać i zacząłem dalej pakować torby. W sumie uzbierał się cały plecak oraz jedna duża, różowa torba, a wszystkie rzeczy potrzebne mi do ewentualnego przewijania córki schowałem do jej małego plecaka. Wszystko było przygotowane na jutrzejszy wyjazd.

W międzyczasie spojrzałem w internecie, o której mam pociąg. Z głową pełną myśli udałem się spać. Wiedziałem, że jutro czeka mnie długi i ciężki dzień.

Witamy ponownie, panie Pawle...

Jeśli naszym przeznaczeniem byłoby być w jednym miejscu,
mielibyśmy korzenie zamiast stóp.

Rachel Wolchin

Budzik zadzwonił o szóstej rano. Jak to bywa w okresie zimowym, za oknem było jeszcze ciemno. Na szczęście nie padał deszcz. Prognoza pogody wskazywała, że dziś ma być bezchmurne niebo i świecić słońce, ale za to dzień ma być mroźny. Termometr pokazywał w okolicach jednego stopnia.

Natalka jeszcze spała. Ja zszedłem na dół, aby przygotować śniadanie. Jajecznica z boczkiem powinna dać nam energii na podróż. Kiedy zgasiłem palnik, dziecko obudziło się z lekkim płaczem, ponieważ u góry nikogo nie było. Przytuliłem ją i zaniosłem na dół jeszcze w piżamce. Schodząc po schodach, wyszeptałem jej do ucha, że ubranka założymy po zjedzeniu śniadania, aby przypadkiem ich nie ubrudzić.

Zbliżała się godzina wyjścia z domu. Do pociągu mieliśmy jeszcze dwadzieścia pięć minut, a stacja była w odległości piętnastu minut piechotą. Zawsze starałem się wychodzić tak, aby mieć zapas czasu i spokojnie dojść do celu. Zakładając małe buciki, poczułem, że konieczna jest zmiana pieluchy. Zdarza się, pomyślałem. Po prostu będziemy musieli iść szybszym krokiem, aby zdążyć na pociąg. Zarzuciłem na siebie różową torbę oraz szary plecak. Mały plecak Natalii w kolorze beżowym przewiązałem przez wózek.

Nie chciałem jechać autem. Cena parkingu przy szpitalu była astronomiczna. Poza tym ciągle pamiętałem, jak ciężko prowadziło mi się auto w Leeds, gdy jeździliśmy z Ewą do tego samego szpitala na USG Natalii. Nie wiem, jakim cudem, ale wbiegając na peron została mi minuta do odjazdu pociągu. Z braku czasu nie zdążyłem kupić biletów w maszynie.

Spokojnie usiadłem w wagonie i poczekałem, aż konduktor podejdzie. Czasami tak robiłem. W Anglii zawsze można było kupić bilety u konduktora bez najmniejszego problemu. Ale nie tego dnia. Pech chciał, że na tej trasie była jakaś kontrola i pani, wyglądając mi na służbistkę swojej pracy, uparcie twierdziła, że należy mi się mandat. W regulaminie kolei jest wyraźnie napisane, że podróżujący muszą mieć kupione bilety przed wejściem do pociągu. Powiedziałem jej, jaka była sytuacja i że muszę być w szpitalu. Dodałem, że zawsze można było nabyć bilety u konduktora. Durna, wredna baba mnic nie słuchała. Miała kompletnie w czterech literach moją sytuację.

Kiedy wystawiała mandat na dwadzieścia funtów, można było zobaczyć uśmiech na jej twarzy. Jedyne, co mi odpowiedziała, to, że mogę opisać sytuację, którą jej opowiedziałem, składając wniosek o umorzenie mandatu online. Nienawidziłem takich osób, które czerpią radość z krzywdzenia innych. Przyjąłem więc ten nieszczęsny kawałek papieru. Nie miałem czasu ani ochoty na kłótnię z jakąś durną babą. Miałem małe dziecko w wózku, dwa plecaki i torbę. Co by było, gdyby kazała mi wysiąść i czekać na policję? Po prostu pojechałem dalej.

Minęło trzydzieści minut podróży. Pociąg zatrzymał się na stacji docelowej w Leeds. Wysiadając z pociągu, mogłem ponownie zaobserwować wyścig szczurów: panowie w garniturach z teczkami w rękach, zapatrzeni na swoje zegarki, panie w szpilkach poprawiające swój makijaż przy małych lusterkach. Ludzie w ciągłym pośpiechu. Ogólnie pogoń za pieniądzem była tam bardzo dobrze widoczna.

Stanąłem w niewielkiej kolejce do wyjścia. Przy bramce dla wózków, zamiast biletów, pokazałem mandat. Jednak teraz nie on mnie interesował. Jak najszybciej chciałem dostać się do szpitala. Droga do placówki, do której jeździliśmy cztery lata temu, niemal co dzień przez okres pięciu miesięcy przypomniała mi się bardzo szybko, tak jakby to wszystko zdarzyło się wczoraj. Tym razem jednak było odwrotnie.

Wcześniej pokonywaliśmy tę trasę z Sebastianem, a dziś z Natalką. Uliczny hałas oraz wieczne remonty po raz kolejny uświadomiły mi, że nie chciałbym żyć w dużym mieście. Mieszkałem w Polsce od urodzenia do dwudziestego pierwszego roku życia, tak właśnie było. Duże, piękne, ale okropnie głośne miasto – Gdynia, z której pochodzę. Gabaryty rodzinnego miasta można byłoby porównać do Leeds.

Wracając jednak myślami na ziemię, zbliżyliśmy się do mostu nad jezdnią, tuż przed szpitalem. Schodząc z niego, widziałem po lewej stronie rozbity namiot przy drzewie. Przebywał tam starszy pan z długą, siwą brodą. Dobrze go pamiętałem. Mijałem go za każdym razem, gdy moja córka leżała w tym samym szpitalu. Przechodząc obok namiotu, zauważyłem stertę śmieci oraz śpiącego psa. Minąłem go. W tym czasie córka powiedziała: „Tato, patrz, pies!". Skręciłem w prawo i ujrzałem wcześniej wspomniany napis na białym tle: „Witamy w szpitalu dziecięcym". Powinno być tam napisane „Witamy ponownie, panie Pawle...".

W budynku obowiązywały jeszcze maski, których nie lubiłem. Sytuacja jednak nie pozwalała mi na to, by kombinować, jakby tu ich nie nosić. Na głównym korytarzu skręciłem w prawo, bo tam znajdował się oddział, na który przewieźli mojego syna wraz z żoną.

Zbliżając się do domofonu, wziąłem głęboki wdech. Starałem się zniwelować swój stres na tyle, na ile byłem w stanie. Nacisnąłem szary przycisk, wokół którego świeciło się zielone światło. Odebrała jakaś pani z recepcji, pytając się o cel wizyty. Wpuściła mnie do środka. Podszedłem do recepcji, która znajdowała się po prawej stronie. Zanim zdążyłem cokolwiek powiedzieć do recepcjonistki, zadzwonił telefon. Młoda kobieta poprosiła mnie, abym chwilę poczekał, bo musi go odebrać. Była to jednak dłuższa chwila. Trwała ona prawie pięć minut. Kiedy biała słuchawka została odłożona, brunetka skierowała na mnie swój wzrok. Uśmiechnęła się i spytała, w czym może pomóc?

Po przedstawieniu sytuacji skierowała mnie do właściwej sali. Jednak nie mogliśmy tam wejść z Natalią. Pandemiczne procedury w szpitalu były takie, że przy dziecku może być tylko jedna osoba dorosła i nie mogły wchodzić dzieci. Zadzwoniłem więc do Ewy i poprosiłem ją, aby przyszła pod recepcję. Po chwili pojawiła się koło nas. Natalia na jej widok uśmiechnęła się. Ewidentnie było widać po mojej żonie, że była bardzo przybita sytuacją. Nie odwzajemniła uśmiechu. Wzięła tylko Natalię do poczekalni, która znajdowała się zaraz przed wejściem na oddział. Powiedziałem jej, że pobędę chwilę z synkiem i zaraz do nich przyjdę. Darowałem sobie już powiedzenie „nie martw się". Nie przyniosłoby ono oczekiwanego przeze mnie rezultatu. Wiedziałem to z autopsji sprzed paru lat.

Wszedłem do sali. Zanim zajrzałem do syna, zobaczyłem dobrze mi znane maszyny, monitorujące na bieżąco stan pacjenta. Część rodzin miała pozasłaniane kotarą swoje miejsca, a część nie. Po chwili odsłoniłem ręką zasłonę, za którą znajdowało się łóżko z moim synem. Spojrzał na mnie, ale nic nie powiedział. Po chwili odwrócił swój wzrok w stronę telewizora. Usiadłem koło niego, podając mu rękę. Złapał ją i mocno ścisnął. W telewizji leciała akurat dobrze mi znana bajka. Kiedy byłem w wieku Sebastiana, razem z kolegami oglądaliśmy ją na bieżąco. Pamiętam, że gdy była transmisja na nieistniejącym już kanale telewizyjnym, podwórko robiło się puste. Sebastian dalej trzymał mnie za rękę bardzo mocno. Był zbyt zmęczony, aby cokolwiek powiedzieć. Do malutkiej rączki przypięte były wenflony. Krew została przetoczona w nocy. Teraz jednak leciały przez kable różne leki, których nazw nie znałem.

Oglądaliśmy serial animowany przez około dziesięć minut. Powiedziałem mu, że na chwilę muszę iść do mamy i zaraz wrócę. Sebastian nie chciał puścić mojej ręki. Za wszelką cenę chciał, abym był przy nim.

Delikatnie odgiąłem jego palce, tłumacząc, że zaraz przyjdę. Ze smutnym wzrokiem odpowiedział ledwo do mnie, abym szybko wrócił. Spojrzałem na syna, trzymając rękę na zasłonie. Sebastian zmieniał akurat kanał w telewizji. Łzy spłynęły mi po policzkach.

Po raz kolejny znajdowałem się w miejscu, w którym nigdy nie chciałbym być. Po ponad trzech latach spokoju wszystko wróciło niczym bumerang. Miałem jednak cichą nadzieję, że tym razem szybko opuścimy to przeklęte miejsce. Zasłoniłem za sobą zasłonę.

Kierując się w stronę recepcji, napotkałem po drodze pielęgniarkę. Miała ona w tym dniu dyżur nad Sebastianem. Poprosiłem ją, żeby zawołała mnie bądź Ewę, gdy syn będzie niespokojny. Dodałem również, że jesteśmy w poczekalni zaraz za drzwiami.

Drzwi były zamknięte. Zapukałem więc, mówiąc, że to ja. Ewa otworzyła drzwi, a Natalka uśmiechnęła się, krzycząc „tata!".

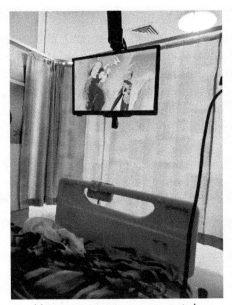

Moja pierwsza wizyta u syna w szpitalu

Poprosiłem Ewę, aby opowiedziała mi wszystko od momentu dojechania do szpitala w Wakefield aż do dziś. Opowiedziała mi wszystko ze łzami w oczach. Pilna transfuzja krwi musiała odbyć się jak najszybciej. Lekarze ze szpitala w Wakefield podejrzewali białaczkę, ale szczegółowe badania miały zostać przeprowadzone na dniach.

Uświadomiłem Ewę, że dopóki nie ma badań, nie ma co płakać. Teraz chciałem iść pobyć chwilę z synem. Udawałem twardziela. Były to jednak tylko pozory. Chwytając Sebastiana jeszcze raz za rękę, rozpłakałem się jak małe dziecko, klęcząc przy jego łóżku. Mówiłem sobie: „Mój syn... Najpierw Natalia, a teraz Sebastian w szpitalu". Zacząłem obwiniać za wszystko Boga. Chciałem, by dał nam w końcu spokój! Zacząłem zadawać sobie pytania: „Dlaczego znowu na nas padło?" Dziecko w ogóle nie zwróciło na to uwagi, że płakałem. Musiało być na silnych lekach, o które nie zdążyłem jeszcze spytać personelu. Widać emocje musiały ze mnie wyjść w taki, a nie inny sposób. Otarłem łzy w ręcznik papierowy.

Po chwili do sali przyszedł lekarz. Usiadłem w fotelu i skupiłem się na informacjach, które chciał mi powiedzieć. Wysłuchałem wszystkiego. Dowiedziałem się, jakie leki są teraz podawane, jakie lekarze mają przypuszczenia. Podziękowałem. Lekarz spojrzał na kartę pacjenta wywieszoną przed łóżkiem, a następnie opuścił salę. Podczas gdy pielęgniarka zmieniała leki u syna, ja złapałem się za głowę. Nie byłem w stanie pozbierać myśli. Pożegnałem się z synkiem, obiecując mu, że jutro znów do niego przyjadę.

Wróciłem do moich dziewczyn. Z racji tego, że był okres zimowy, nie chciałem wracać z dzieckiem po nocach do domu. Pożegnałem się, przytulając moją żonę. Po wyjściu z placówki spojrzałem na budynek. Na zewnątrz było już ciemno. Westchnąłem. Udałem się w stronę peronu, zostawiając za sobą odciśnięte ślady butów na śniegu. Wchodząc na peron, stanąłem w kolejce do kas biletowych. Po zakupie udałem się do małej kawiarenki, która znajdowała się tuż obok. Zamówiłem moje ulubione cappuccino z czekoladą. Było zimno, nawet na peronie, więc ciepły napój pozwolił mi się rozgrzać.

Popijając gorący napój, wsiadłem do pociągu i wróciłem do domu. Położyłem Natalię spać, następnie włączyłem komputer, który znajdował się w jej pokoju. Przez to całe zamieszanie zapomniałem wspomnieć mojej ukochanej o mandacie, który dostałem rano. Wyciągnąłem z portfela pogniecony w złości mandat i położyłem go przed sobą na biurku. Zacząłem szukać w internecie informacji, jak mogę odwołać się od mandatu. Wszedłem na stronę linii kolejowych i znalazłem formularz. Opisałem całą sytuację, następnie wysłałem wiadomość. Wyłączyłem komputer, zszedłem na dół do salonu i włączyłem jakiś serial w telewizji internetowej.

Przebudziłem się w środku nocy. Telewizor był cały czas włączony. Nie pamiętam, w którym momencie zasnąłem na kanapie. Spojrzałem na zegarek. Wskazywał on godzinę trzecią nad ranem. Udałem się na górę. Wchodząc po schodach, ustawiłem budzik na godzinę szóstą.

Ku mojemu zdziwieniu, wstałem rano przed alarmem. Natalka jeszcze spała. Tak samo, jak dzień wcześniej, zszedłem na dół, żeby przygotować śniadanie. Dziś był omlet z dżemem malinowym. Niestety, ale dziecku mogłem dać tylko troszeczkę jedzenia. Reszta musiała iść do gastrostomii. Dla Natalii zamawialiśmy specjalny pokarm z apteki.

Po śniadaniu wyruszyliśmy na peron, by zdążyć na czas. Tym razem bilety zdążyłem kupić w maszynie, która znajdowała się na peronie. Przed kupnem biletu miesięcznego jeszcze się wstrzymałem. Nie wiedziałem, jak długo Sebastian wraz z Ewą będą jeszcze w szpitalu.

Tego dnia pogoda się popsuła. Zaczął wiać mroźny wiatr. Z nieba zamiast płatków śniegu, zaczęły lecieć kropelki deszczu. Temperatura była na plusie. Śnieg, który padał parę dni temu, zdążył już stopnieć. Spojrzałem na tablicę odjazdów. Okazało się, że mój pociąg jest opóźniony, a po paru minutach został całkowicie odwołany!

Dziesięć minut drogi od naszej stacji znajdowała się druga stacja kolejowa. Z tamtego peronu również mogłem dostać się do Leeds. Jedyną różnicą był pociąg. Posiadał on tylko dwa wagony zamiast czterech. Był starszy i mniej wygodny. Zastanawiałem się tylko, czy będę mógł z niego jechać na zakupionych przeze mnie biletach. Nie miałem zbyt wiele czasu. Ruszyłem na kolejną stację. Przybyłem na peron trzy minuty przed czasem.

Jakby konduktor miał się do czegoś przyczepić, zrobiłem zdjęcie rozkładu jazdy z peronu w South Elmsall. Chciałem mieć dowód, że mój pociąg został odwołany. Moje obawy zostały rozwiane przez samego pana w jasnoniebieskim stroju kolei. Wyraźnie powiedział, że mogę jechać na tym bilecie w takiej sytuacji. Kiedy wysiadłem w Leeds, udałem się swoją monotonną drogą do szarego budynku.

Sebastian spał. Zastąpiłem moją żonę w sali. Ewa poszła zająć się Natalią, a ja zostałem przy synu. Mimo tego, że spał, i tak chciałem być koło niego. Stan dziecka był bez zmian. Kiedy się obudził, chwycił mnie za moją dłoń i po raz kolejny mocno ją ścisnął. Patrzył cały czas w telewizor. Usta miał otwarte, a jego wargi lekko spuchły. Najprawdopodobniej był to skutek uboczny niektórych lekarstw.

Nagle zza kotary wszedł lekarz i spytał, czy jestem ojcem dziecka.

Odparłem mu, że tak. Przedstawił się imieniem i nazwiskiem

Tablica z informacją o opóźnionym pociągu w South Elmsall, który po paru minutach został całkowicie odwołany

oraz specjalizacją. Wspomniał również o tym, że na dniach będzie planować konsultację ze mną oraz moją żoną. Dodał również, że konieczne będzie pobranie szpiku do badań. Ten zabieg miał na celu zweryfikowanie, czy wystąpiła u syna białaczka, czy nie. Konieczna była pisemna zgoda, aby dziecko mogło iść pod ogólne znieczulenie. Kiedy lekarz poszedł do innych pacjentów, ja obiecałem synkowi, że jutro kupię mu jakiś zestaw klocków, żeby miał się czym bawić. Owszem, w szpitalu były zabawki, ale nie wykazywał zainteresowania, żeby bawić się jakąkolwiek z nich. Nie były to jednak zbyt mądre słowa. Dopiero po fakcie uświadomiłem sobie, że wypłatę mam w przyszły piątek. Na koncie się nie przelewało. No, ale jak się powiedziało, to obietnicy trzeba będzie dotrzymać. Pożegnałem się z synem i wróciłem do Ewy. Czas w szpitalu zleciał bardzo szybko, a ja podczas zachodu słońca udałem się w drogę powrotną do domu.

Diagnoza

Zyskujesz odwagę i pewność z każdym doświadczeniem, w którym przestajesz pokazywać strach na twarzy.

Eleanor Roosevelt

Następnego dnia, kiedy szykowałem się do wyjścia, zadzwonił telefon. Dzwoniła Ewa. Poinformowała mnie, że konsultacja została zaplanowana na czwartek, dziesiątego lutego. Był to równy tydzień po moich urodzinach. Miała się odbyć o godzinie dwunastej, żebym na spokojnie zdążył dojechać do szpitala. Dodała również, że dziś zabiorą dziecko na pobranie szpiku. Po jej głosie było słychać, jak bardzo się stresuje nadchodzącym badaniem, nie wspominając już o wyniku.

Moja droga do placówki przebiegła bez zmian. Po drodze jednak wstąpiłem do sklepu po obiecany zestaw klocków. Ulubionym uniwersum Sebastiana były Gwiezdne Wojny. Szukałem więc jak najtańszego zestawu. Udało mi się znaleźć malutki zestaw za osiemnaście funtów. W pudełku znajdowała się niewielka konstrukcja oraz dwie figurki. Nie mogłem doczekać się, kiedy wręczę prezent synkowi. Nie oczekiwałem od niego uśmiechu na twarzy, skoro był na tak silnych lekach. Natalii kupiłem jedną figurkę, która sprzedawana była osobno. Ucieszyła się, kierując uśmiech w moją stronę. Paczka była szczelnie zapakowana. Natalia nie chciała pomocy i całą drogę do szpitala starała się ją otworzyć sama.

Dotarliśmy. Wraz z Natalią czekaliśmy na Ewę w pokoju koło oddziału. Kiedy przyszła, Natalia ucieszyła się po raz kolejny, pokazując mamie upominek od taty. Udałem się do Sebastiana. Wręczyłem mu prezent, patrząc na niego z uśmiechem. Niestety, mój uśmiech był sztuczny. Pod maską skrywał się smutek, bezsilność i bezradność. Sebastian podziękował za upominek. Jednak nie był w stanie uśmiechnąć się przez opuchnięte wargi. Poprosił mnie tylko, abym mu go ułożył. Bez wahania otworzyłem pudełko i rozsypałem zawartość na przenośny stolik, na którym Sebastian spożywał posiłki. Samo składanie nie zajęło mi nawet dwudziestu minut. Dziecko zaczęło bawić się figurkami, po czym zasnęło, trzymając je w swoich dłoniach.

Poszedłem do kuchni zrobić sobie kawę oraz wziąć jakiś batonik. Na oddziale znajdowała się niewielka kuchnia z jedną lodówką, paroma szafkami oraz mikrofalówką. Następnie udałem się do poczekalni, aby omówić z żoną nadchodzący dzień konsultacji. Wspólnie ustaliliśmy, że przyjadę szybciej, ze względu na loterię z kursującymi pociągami. Nie było jeszcze wiadomo, o której godzinie dziecko wezmą na badania. Zaczęło się już ściemniać, więc wróciłem do domu i czekałem na informację.

Wiadomość odczytałem dopiero rano. Codziennymi podróżami byłem bardzo zmęczony. Przeczytałem, że wszystko odbyło się zgodnie z planem i trzeba czekać na wyniki. Dziś był ten dzień. Czwartek, dziesiątego lutego. Czekała nas bardzo poważna rozmowa z lekarzem. Nie pozostało mi nic innego, jak udać się w swoją monotonną podróż. Chciałem tam dotrzeć jak najszybciej i mieć już za sobą tę paskudną konsultację. Myślałem pozytywnie. Moja podświadomość podpowiadała mi, że wyniki ze szpiku nie wykażą nic groźnego. Przecież lekarze też się mylą.

Dojechałem na miejsce. Przed rozmową poszedłem jeszcze spędzić czas z synem. Raz oglądaliśmy bajki, raz bawiliśmy się klockami. Spoglądałem co dziesięć minut na zegarek. Im bliżej dwunastej, tym bardziej zacząłem się pocić i niepokoić. Czasu nie oszukasz. W końcu wybiła długo oczekiwana przeze mnie godzina. Do sali wszedł lekarz w okularach oraz pan w fioletowym ubraniu z fundacji. Usiedliśmy wszyscy razem, po czym zaproponowali nam kawę bądź herbatę. Ja wziąłem białą z mlekiem, a moja żona podziękowała. Rozmowa przebiegała spokojnie. Osoba znajdująca się w pomieszczeniu miała ponad dziesięcioletnie doświadczenie w swoim zawodzie. Uświadomiła nas, że musimy poczekać na wyniki badań. Dodała, że wszystkie objawy wskazują na to, że jest to białaczka. Pomyślałem sobie, że pewnie jest to kolejne gadanie i straszenie. Starałem się myśleć pozytywnie, ale co jakiś czas coś mnie hamowało.

Z tyłu głowy miałem obrazy sprzed ponad dwóch lat. Za wszelką cenę nie chciałem się znaleźć znowu w tak paskudnej sytuacji. Rozmowa przebiegała dalej. Został nawet ustalony wstępny plan leczenia bez wyników badań! Nagle przyszła wiadomość na telefon lekarza. Pech chciał, że wszystko, co mówili, okazało się prawdą. Nasze dziecko zachorowało na Ostrą Białaczkę Limfoblastyczną. Nie wiedziałem, co mam powiedzieć. Będąc już doświadczonym w rozmowach z lekarzami, zapytałem wprost: Czy jest to wyleczalne? Musiałem reagować szybko. Nie chciałem, aby moja żona zalała się łzami. W odpowiedzi usłyszeliśmy, że tak. Jest to wyleczalna choroba, tylko leczenie trwa trzy lata u chłopców, a u dziewczynek dwa. Był to zupełnie inny przypadek konsultacji niż parę lat wstecz, kiedy to Natalce nie dawano szans na przeżycie. Byłem przekonany, że ten mocny argument pozwoli mi na spokojnie porozmawiać z moją Ewą. Całe szczęście, że o to spytałem.

Odwróciwszy wzrok od doktora, spojrzałem na Ewę, która wyglądała na spokojną. Nie płakała. Skupiła się tylko na faktach. Najwidoczniej stwierdziła, że płacz nic nie da i trzeba skupić się leczeniu, by jak najszybciej pozbyć się tego dziadostwa. Osoba prowadząca spotkanie była zaskoczona tym, że nikt z nas nie uronił łez. Spytał, skąd u nas taki spokój? Odparłem, że mieliśmy już styczność z tym szpitalem. Dodałem, że ta mała dziewczynka siedząca w wózku prawie tutaj zmarła i mamy doświadczenie, jak postępować w takich sytuacjach.

Przewracając kolejną kartkę papieru A4 z dokumentacji, dowiadywaliśmy się, jak będzie to wszystko wyglądać. Przede wszystkim dziecko nie może zostać wypisane do domu. Nikt nie jest nam w stanie powiedzieć, jak długo będzie przebywać w szpitalu. Również dowiedzieliśmy się tego, że pierwsze sześć miesięcy Sebastian będzie miał intensywne leczenie. Lekarze proszą, by nie opuszczać kraju ani nie jechać na żadne wakacje przez ten okres. Nie chcieli nam za dużo dawać informacji naraz. Nie bylibyśmy w stanie tego wszystkiego zapamiętać. Skupiliśmy się na najbliższych tygodniach. Ciężko stwierdzić, ile czasu trwała konsultacja tamtego dnia. Przyjąłem do siebie te wszystkie informacje, ale najważniejszą była ta, że choroba jest wyleczalna. Wymaga tylko długiego okresu leczenia. Kiedy spotkanie dobiegło końca, zostałem jeszcze chwilę z Ewą, by przedyskutować parę spraw. Jedno było pewne. Musiałem kupić bilet miesięczny na pociąg. W drugiej kolejności ustaliliśmy, że ja zajmę się Natalką, a Ewa zostanie w szpitalu z Sebastianem. Będę codziennie dojeżdżał i pomagał, ile mogę. Nic innego nie byliśmy w stanie więcej wymyślić na dany moment.

Wróciłem do sali, by pożegnać się z dzieckiem i powiedzieć mu, że jutro znowu przyjadę. Wracając pociągiem, posadziłem córeczkę koło siebie. Patrzyłem się w szybę pociągu, układając myśli. Nie dowierzałem, że znowu się to dzieje. Tak bardzo chciałem uwierzyć w to, że to jest zły sen i nie dzieje się to naprawdę. Dlaczego znów padło na nas? Dlaczego ten szpital nie może nam dać spokoju? Były to pytania bez odpowiedzi. Wiedziałem, że nie mogłem się poddać i pozwolić na to, by emocje wzięły górę. Doskonale pamiętam, ile stresu oraz nerwów kosztowała mnie walka o życie Natalki. Owszem, swoją psychikę miałem już bardziej odporną, ale najwidoczniej jeszcze nie na tyle, aby sprostać nowemu zagrożeniu.

Następnego dnia zadzwoniłem do swojej przychodni, prosząc o rozmowę ze swoim lekarzem. Wizytę miałem na dziewiątą rano. Specjalnie wziąłem ją wcześnie. ponieważ cały dzień miałem już zaplanowany. Będąc w gabinecie, przedstawiłem sytuację i poprosiłem o zwolnienie z pracy na najbliższe dwa miesiące. Następnie zawiozłem je do pracy, powiadamiając, w jakiej beznadziejnej sytuacji się znalazłem. Kolejnym etapem była podróż do Leeds oraz kupno biletu miesięcznego od dnia następnego. Będąc już w dużym mieście, w kolejce do kasy stałem może z pięć minut. Pani zza szyby wręczyła mi bilet i pokazała, ile jest do zapłaty. Z niechęcią przyłożyłem kartę płatniczą do terminalu. Cena była bardzo wysoka. Nie miałem jednak innego wyjścia. W ten dzień przyszło mi zapłacić ponad sto funtów za kawałek plastiku! W porównaniu do kwoty sprzed dwóch lat było drożej. Znacznie drożej. Pieniądze z konta znikały w zastraszającym tempie.

Przebywanie codziennie w dużym mieście pochłaniało pieniądze na każdym kroku. Do wypłaty zostało jeszcze parę dni. Musiałem jakoś dać radę.

Kawy napiłem się dopiero w małej kuchni dla rodziców, znajdującej się na oddziale. Reszta dnia nie różniła się od poprzednich. Popadłem w rutynę. Wyjście z córką z domu na peron, droga do szpitala, rozmowa z żoną, przebywanie z synem, z powrotem na pociąg, znowu w domu, położenie dziecka spać, rano budzik i tak dalej. Musiałem się na to nastawić, że moje najbliższe miesiące będą właśnie tak wyglądać.

Najgorszy dzień w moim życiu

Cierpliwość i wytrwałość mają magiczne działanie – dzięki nim trudności znikają, a przeszkody ulatniają się.

John Quincy Adams

Za oknem lał deszcz i wiał silny wiatr. W ten dzień miałem przywieźć z domu czyste ubrania Sebastiana i żony na zmianę, a stare zabrać ze sobą do domu. Spakowałem dwa plecaki oraz niewielką torbę.

Biorąc głęboki wdech, otworzyłem drzwi wejściowe do domu. Dziecko ubrałem ciepło, a na wózek zarzuciłem folię przeciwdeszczową. Zmierzając w stronę peronu, jedną ręką trzymałem rączkę od wózka, a drugą folię przeciwdeszczową, by nie zwiał jej wiatr. Mimo tego, iż była przywiązana bardzo solidnie, to od strony nóg, jak mocniej zawiało, wszystko podwiewało do góry.

Idąc pod wiatr, dotarłem na peron. Oczywiście nie zdziwił mnie fakt, że pociąg był po raz kolejny opóźniony. Na początku była informacja, że opóźnienie ma trwać nie długo, bo zaledwie dziesięć minut. Ostatecznie spóźnił się ponad trzydzieści minut. Dobrze, że na stacji kolejowej było niewielkie zadaszenie, z trzema czerwonymi siedzeniami, oraz maszyną stojącą obok do kupowania biletów. Mogliśmy się z córką, chociaż na chwilę schować się przed tą paskudną pogodą.

Zmierzając w stronę szpitala, cały czas musiałem trzymać jedną ręką folię przeciwdeszczową, by nie odfrunęła. Nie chciałem również doprowadzić do sytuacji, by dziecku było zimno. Jak się ucieszyłem, kiedy dotarliśmy na miejsce. W środku było ciepło. Od razu zdjąłem kurtkę sobie oraz Natalii. Spodnie miałem całe przemoczone, łącznie z jedną skarpetką.

Po drodze stanąłem na płytę chodnikową, która była uszkodzona i trochę się bujała. Cała woda z płyty spłynęła mi prosto do buta. Widząc się z moją żoną, wręczyłem jej plecaki oraz torbę. Brudne ubrania przygotowane były w trzech reklamówkach, które położone były na ziemi obok komody. Spakować je miałem dopiero przed moim wyjściem ze szpitala. Jednak wolałem zrobić to teraz, by później nie zapomnieć. Trochę ich się uzbierało. Plecak był wypchany, a zamek ledwo się zapiął.

Mimo że nie opuszczałem jeszcze szpitala, przypuszczałem, że w taką pogodę i z tyloma tobołami podróż powrotna nie będzie należała do łatwych. No, ale nie pojechałem tam po to, by narzekać. Spędzając czas z synem, zauważyłem, że jego wargi wciąż są spuchnięte. Dziecko miało cały czas otwarte usta. Żona odpowiedziała, że dadzą jakieś środki lub maść, by ta opuchlizna zeszła. Zostałem również poinformowany, że pierwsza chemia ma zostać podana dziecku za dwa dni. Lekarze musieli jeszcze zrobić dodatkowe badania, aby upewnić się, że mogą pacjentowi bezpiecznie podać lek.

W kuchni, oprócz darmowej kawy, dostępne były jeszcze różnego rodzaju batoniki i chipsy. Nie było to nic zdrowego. Nie miałem przy sobie nic więcej do jedzenia, więc pokusiłem się na te produkty.

Co jakiś dzień przynosiłem dla swojej rodziny gotowe dania kupowane w supermarkecie. Sebastian nie zawsze chciał jeść to, co dawali mu w szpitalu. Najbardziej lubił spaghetti. Personel medyczny mówił wyraźnie, by dziecko jadło, jeśli nie chce mieć zamontowanej sondy do nosa. Parę takich dzieciaczków było widać na oddziale z białą, niewielką rurką wsadzoną w nozdrza.

Tego dnia chciałem zostać godzinkę dłużej niż zwykle. Pogoda nic się nie poprawiała, a mnie czekał męczący powrót do domu. Z synem bawiłem się zestawem klocków, które ostatnio mu kupiłem. Uwielbiał Gwiezdne Wojny, szczególnie złe charaktery.

Co jakiś czas, gdy Sebastian chciał iść do toalety, ja trzymałem stojak z kroplówką, z której leciały leki. Syn szedł bardzo powolutku. Był słaby. Bardzo słaby. Nawet po transfuzji krwi. Za każdym razem patrzyłem na stawiane przez niego kroki. Wyglądały one tak, jakby dziecko miało zaraz się przewrócić. Zdecydowanie nie było to coś, na co chciałem patrzeć. Musiałem jakoś sobie z tym poradzić. W niektórych momentach chciałem podać mu rękę. Nie chciał. Mówił, że sam sobie poradzi.

Zaczęło robić się już późno. Pożegnałem się z synem, delikatnie go przytulając. Nie chciałem uszkodzić żadnych kabli, które były podłączone pod wenflony. Wraz z Natalką pożegnaliśmy się z mamą. Udaliśmy się w stronę wyjścia. Jeden plecak przewiązałem przez rączkę kierownicy. Drugi miałem na plecach. Tak samo torbę miałem przełożoną dużym pasem przez ramię. Obładowany bagażami wychodziłem z placówki, prowadząc wózek. Gdy otworzyły się automatyczne drzwi wyjściowe, poczułem ogromne uderzenie wiatru z deszczem. Obok wyjścia stało parę osób w kapciach i szlafrokach, dopalając swoje papierosy. Niektórzy z nich mieli nawet kroplówki, które musieli mocno trzymać, by siła natury ich im nie zmiotła.

Byłem bardzo głodny, więc udałem się do znanej amerykańskiej sieci po naleśnik z chrupiącym kurczakiem. Dziecko zasnęło mi w wózku. Zdążyłem spokojnie zjeść posiłek. Do pociągu miałem jeszcze trzydzieści minut, a miejsce, w którym przebywałem, było pięć minut drogi od dworca. Na stacji, jak na tę godzinę, było zaskakująco dużo podróżnych. Większość z nich patrzyła się na tablicę informacyjną z lekkim rozkojarzeniem.

W mojej małej ulubionej kawiarence skusiłem się jeszcze na kawę, by trochę się rozgrzać. Udałem się na swój peron 9B, skąd odjeżdżał mój pociąg. Informacja pokazywała, że będzie opóźnienie o dwadzieścia minut. Poczekałem, ale pociąg nie przyjechał. Całe szczęście, dziecko się nie obudziło. Gdy spojrzałem na wszystkie perony dookoła, okazało się, że wszyscy czekali na swoje opóźnione pociągi. Szybko w aplikacji spojrzałem, co może być tego przyczyną. Okazało się, że z powodu nagłych opadów deszczu i złych warunków pogodowych zalało trakcję, i wszystkie pociągi są wstrzymane do odwołania!

Nie mogłem w to uwierzyć. Ja z małym dzieckiem w wózku, dwoma plecakami oraz torbą pełnymi ubrań, zostałem bez pociągu powrotnego. Zadzwoniłem do żony i spytałem się, czy istnieje możliwość, aby wrócić do szpitala i przenocować. Niestety, ale takiej możliwości nie było. Personel szpitala bronił się regulaminem oraz warunkami panującej pandemii. Musiałem coś wymyślić.

Taksówka skasowałaby mnie na około pięćdziesiąt funtów za kurs. Co prawda dojechałbym do domu, ale wykosztowałem się już na bilet miesięczny. Wybrałem więc opcję tańszą, lecz bardziej męczącą. Z Leeds do Wakefield miałem autobus numer 110. Następnie z Wakefield do South Elmsall autobus numer 496. Była to ta sama firma, więc mogłem jechać na tym samym, dziennym bilecie. Udałem się na odpowiednie stanowisko i co? Autobus odwołany! Ręce mi opadły. Dziecko obudziło się głodne. Zaczęło płakać. Obok znajdował się mały sklepik, ale o tej godzinie prawie wszystko było już wykupione. Wziąłem z półki jakieś przekąski i zastanawiałem się, czy przyjedzie kolejny autobus, który miał być za dwadzieścia minut? Głód dziecka został zaspokojony. Ja dalej czekałem, zerkając na tablicę odjazdów. Przyjechał. Kupiłem bilet u kierowcy i co jakiś czas spoglądałem na zegarek. Do przesiadki na dworcu autobusowym w Wakefield miałem niecałe pięć minut. Modliłem się, aby zdążyć na czas. Był to już ostatni kurs w stronę miejsca, w którym mieszkam! Jeśli bym się spóźnił, musiałbym brać taksówkę. Naraziłoby mnie to na kolejne, niemałe koszta.

Deszcz lał niemiłosiernie. Kierowca autobusu jechał bardzo powoli, co jeszcze bardziej powodowało u mnie stres. Zatrzymywał się praktycznie na każdym przystanku. Przystanki w Anglii są na żądanie. Co chwilę ktoś wsiadał i wysiadał. Czas uciekał, a ja nie wiedziałem, czy zdążę. Ostatnia prosta. Jeszcze tylko jedno skrzyżowanie i znajdę się na dworcu autobusowym. Oczywiście, w ostatnim momencie zmieniło się światło na czerwone. Widziałem, że mój drugi środek transportu stoi na odpowiedniej stacji. Dojechałem, mając niecałą minutę zapasu. Wysiadając, podbiegłem ze wszystkimi tobołami, które miałem przy sobie, ile sił w nogach. Autobus już cofał. Zacząłem machać do kierowcy, pokazując na dziecko w wózku. Zatrzymał się. Otworzył nam drzwi i wpuścił do środka. Podziękowałem starszemu panu siedzącemu za kierownicą autobusu. Mogłem teraz odetchnąć z ulgą. Czekało mnie kolejne czterdzieści minut jazdy. Zważając na warunki pogodowe, ta trasa mogła się przedłużyć. Natalia zasnęła w połowie drogi. Dojechałem do mojej miejscowości.

Wysiadając z autobusu, jeszcze raz podziękowałem kierowcy. Deszcz lał cały czas, a wiatr się nasilił. Od przystanku do progu moich drzwi musiałem iść piechotą niecałe dziesięć minut. Co chwilę się zatrzymywałem, aby poprawić folię przeciwdeszczową. Dotarłem na miejsce. W końcu w domu, pomyślałem, ściągając buty. Byłem cały przemoczony i zmęczony.

Kiedy położyłem już córkę spać, usiadłem na kanapie. Myślami byłem gdzieś bardzo daleko. Odpocząłem chwilę. Wstałem z kanapy, aby włączyć komputer. Najpierw napisałem wiadomość na telefonie do Ewy, że dotarliśmy do domu. Następnie sprawdziłem swoją skrzynkę pocztową. Znajdowała się tam nieprzeczytana wiadomość od linii kolejowych. Otworzyłem ją i zacząłem czytać. Okazało się, że moje odwołanie zostało odrzucone! W treści było napisane wyraźnie, że była to moja wina. Czas na uregulowanie mandatu wyznaczono mi na siedem dni. Nie miałem już kompletnie siły na to, aby odwoływać się po raz kolejny. Zapłaciłem mandat jeszcze tego samego dnia. Byłem na skraju załamania.

Zamknąłem oczy, odchylając głowę do tyłu. Zacząłem znowu myśleć o beznadziejnej sytuacji, w której się znaleźliśmy. Tym razem bardziej intensywnie. Nagle w głowie odblokowało mi się parę szufladek. Postanowiłem pomóc mojemu synowi, jak tylko mogę. Napiszę publicznie w swoich mediach społecznościowych o sytuacji, jaka dotknęła moją rodzinę. Włączyłem mój profil. Mimo późnej godziny napisałem post. Postanowiłem również, że zorganizuję zbiórkę pieniędzy. Byliśmy praktycznie bez pieniędzy, mając dwójkę chorych dzieci. Nie wiedziałem zbytnio, co mam robić w tak beznadziejnej dla nas sytuacji.

Przy komputerze siedziałem do nocy. Zacząłem czytać różne informacje, jak mogę taką zbiórkę zorganizować. Spisałem sobie na kartkę najpotrzebniejsze informacje i udałem się spać. Następnego dnia chciałem przedyskutować mój pomysł z Ewą i dowiedzieć się, co o nim myśli.

Krok milowy

Odwaga to panowanie nad strachem, a nie brak strachu.

Mark Twain

Pogoda się poprawiła. Nie padał już deszcz, lecz w dalszym ciągu niebo było zachmurzone. Prognoza pokazywała, że dziś ma nie padać. Sprawdziłem na aplikacji, czy pociągi dzisiaj kursują. Starałem się znaleźć informację w internecie, czy naprawili trakcję w Leeds, bezskutecznie. Każdy artykuł był tylko opisem, jak ta sytuacja sparaliżowała ruch kolejowy. Byłem dobrej myśli, że naprawili tę usterkę. Brałem również pod uwagę fakt, że najprawdopodobniej nie było to takie proste i ruch kolejowy może być w dalszym ciągu wstrzymany.

Tego dnia nie nastawiałem budzika. Stwierdziłem, że muszę odespać wczorajszą, męczącą przeprawę. Do Ewy też nie dzwoniłem. Napisałem tylko wiadomość, że przyjadę dziś, ale nie wiem o której godzinie. Wszystko zależało od tego, czy będą kursować pociągi. Nie uśmiechało mi się jeździć autobusami ani autem po centrum dużego miasta. Wieczne korki i remonty drogowe zawsze utrudniały dojazd do szpitala.

Ubrałem Natalkę. Włożyłem ją do wózka i wyszedłem z domu. Dotarłem na stację kolejową. Spojrzałem na tablicę odjazdów. Okazało się, że usterka została naprawiona. Ku mojemu zdziwieniu, pociąg przyjechał o czasie. Wsiedliśmy do wagonu, po czym pociąg ruszył w trasę. Wózek zostawiłem kawałek dalej. Wziąłem Natalię i posadziłem ją koło siebie. Była szczęśliwa, że mogła obserwować przez szybę widoki. Ja jednak siedziałem zamyślony. Od rana towarzyszyło mi bardzo dziwne uczucie, którego nie byłem w stanie opisać. Naprawdę nie wiem, co się ze mną stało, ale czułem się spokojny. Jeszcze wczoraj moje ręce potrafiły drżeć ze stresu, a dziś nic. Może było to też spowodowane tym, że był dzień wypłaty? Nie wiem.

Zanim jednak udałem się w stronę szpitala, wstąpiłem do sklepu, aby kupić parę gotowych dań dla Sebastiana oraz mojej żony. Gotować w domu nie miałem czasu, jedynie co jadłem to śniadania i kolacje. O obiedzie nie było mowy. Wziąłem dwie lazanie i dwa razy spaghetti. Do tego jakieś picie i przekąski. Będąc na miejscu, wręczyłem wszystko Ewie, aby mogła sobie podpisać dania, by nikt jej przypadkiem ich później nie wziął z lodówki. Ponoć zdarzały się już komuś takie sytuacje. Spędziłem trochę czasu z Sebastianem. Zrobiłem mu pierwsze zdjęcie, które zamierzałem publikować na swoich mediach społecznościowych. Wytłumaczyłem żonie, jaki mam plan, o co mi tak konkretnie chodzi. Była do tego sceptycznie nastawiona, ale zgodziła się. W ten sposób mogłem pomóc.

Stwierdziłem, że jeśli nie spróbuję, to nigdy się nie dowiem, czy było warto. Swój pomysł dyskutowałem tylko i wyłącznie z Ewą. Nie chciałem sięgać po opinie innych, gdyż mogłyby być one podzielone. Musiałem się na własnej skórze przekonać, czy to w ogóle ma sens. W międzyczasie, gdy rozmawialiśmy, przyszedł do nas lekarz, by omówić parę spraw. Została przedstawiona nam lista produktów, których Sebastian nie może pod żadnym względem spożywać. Na liście znajdowały się wszelkie jogurty, kefiry, woda z butelki, kiszonki, płynne żółtko i tak dalej. Wszystko, co zawierało naturalną florę bakterii. Gdyby syn spożywał te produkty podczas chemioterapii, nie byłaby ona skuteczna. Wytłumaczono nam, że kolidowałoby to w bardzo dużym stopniu z lekami, które Sebastian miał przyjmować.

Kolejnym etapem rozmowy było to, byśmy zdecydowali się, w jaki sposób Sebastian ma dostawać chemię. Opcje były dwie. Pierwszą były wiszące rurki, drugą zaś malutki port pod skórą. Doktor zalecił nam, by zgodzić się na te kabelki, ponieważ będą one przyczepione na stałe podczas trzech lat leczenia. Jeśli jednak zdecydowalibyśmy się na opcję numer dwa, to za każdym razem w ten port będą musieli wbijać igłę, następnie zostanie podany lek i igłę wyciągną. Na podjęcie decyzji mieliśmy dwa dni, zanim zostanie podana pierwsza chemia. Nowych informacji napływało, a my musieliśmy je sobie jakoś poukładać w głowie.

Dość ważne było to, by zapisywać sobie wszystko do zeszytu. Tych danych było zbyt dużo, aby móc je wszystkie zapamiętać. Tamtego dnia nie chciałem ryzykować tak, jak poprzedniego. Placówkę opuściłem o tej samej godzinie, co zwykle, by na spokojnie zdążyć na pociąg powrotny. Zarezerwowałem sobie wystarczającą ilość czasu, abym był w stanie jeszcze zjeść po drodze obiad. Pociąg powrotny przyjechał o czasie.

Będąc już w domu, czekałem tylko, by położyć dziecko spać, usiąść do komputera i zacząć działać. Patrzyłem w monitor. Nie miałem pojęcia, jaki stworzyć opis. Chciałem to jakoś ująć w słowa, tak by ludzie zdali sobie sprawę z powagi sytuacji. Metodą prób i błędów udało mi się założyć zbiórkę na swoich mediach społecznościowych. Sebastian lubił ze mną uprawiać sporty ekstremalne, więc zdjęcie, które było przypisane do zbiórki, zostało zrobione na jednej z imprez sportowych. Leczenie miało trwać trzy lata, więc podałem kwotę pięć tysięcy funtów. Ponad pięć minut patrzyłem się w małe okienko opublikuj. W tym momencie stres mnie zjadł. Byłem pewny, że muszę spróbować czegoś nowego, by móc pomóc mojemu synowi najlepiej, jak tylko potrafię.

Stało się. Jednym kliknięciem myszki opublikowałem post na swoim profilu, przypinając go na górze swojej tablicy. Brzmiał on tak:

Mały SPARTANIN potrzebuje twojej pomocy!! Witam wszystkich!
W lutym 2022 niespodziewanie u naszego syna zdiagnozowano OSTRĄ BIAŁACZKĘ LIMFOBLASTYCZNĄ, która jest rodzajem agresywnego nowotworu i wywróciła nasze życie do góry nogami!
Leczenie zostało zaplanowane na następne 3 lata i będzie wymagało przebycia 50 km (30 mil) do szpitala i z powrotem co najmniej 4 razy w miesiącu. Następnie, po 3 latach chemioterapii, synka czeka kolejne 5 LAT sprawdzania, czy nie ma nawrotu choroby! Sebastian wymaga specjalnej diety, a w późniejszym okresie czasu suplementów wspoma-

gających układ odpornościowy.
Jeśli możesz, udostępnij ten post na swojej tablicy, a będziemy bardzo
wdzięczni za pomoc."

Zdjęcie Sebastiana, które wstawiłem pod postem do zbiórki.

Poprosiłem moją mamę oraz znajomego, czy mogliby mi pomóc sprawdzić zbiórkę. Chodziło o przelanie jakichś groszy, by tylko zobaczyć, czy wszystko działa, jak powinno. Przelew od mamy przyszedł od razu. Natomiast z nieznanych mi przyczyn mój znajomy nie mógł wpłacić i wyskakiwał jakiś błąd. Było już późno. Napisałem mu, że muszę już iść spać oraz by dał mi znać, czy się udało, oraz co było przyczyną błędu. Wyłączyłem komputer. Dałem Natalii całusa w policzek na dobranoc, następnie położyłem się do łóżka. Telefon wyciszyłem. Stwierdziłem, że dopiero rano sprawdzę, jak mój post został odebrany.

Rano, kiedy było już widno, zszedłem na dół, żeby zrobić sobie sypaną kawę z niewielką ilością ksylitolu. Dopiero jak usiadłem do stołu w kuchni, postanowiłem spojrzeć na telefon. Powiadomień oraz prywatnych wiadomości miałem tyle, że nie wiedziałem, od czego mam zacząć. W pierwszej kolejności spojrzałem na zbiórkę. Ku mojemu zdziwieniu, była udostępniona już ponad dziesięć razy i zaczęły pojawiać się pierwsze wpłaty. Następnie spojrzałem na wiadomości prywatne i zacząłem czytać. Niektórym osobom było przykro i życzyli szybkiego powrotu do zdrowia. Inni pisali zaś, że mają problem ze zrobieniem przelewu na zbiórkę, prosząc o numer konta. Byłem naprawdę pozytywnie zaskoczony takim odzewem! Jak mam być szczery, to obawiałem się wyśmiania mojej publikacji, ale było zupełnie na odwrót! Cały czas zastanawiało mnie to, dlaczego jedni mogli wpłacić na zbiórkę bez problemu, a innym wyskakiwał jakiś błąd? Zacząłem wszystkim odpisywać, zarówno w wiadomościach prywatnych, jak i pod komentarzami.

Przyszedł czas, żeby zbierać się na pociąg. Kiedy kierowałem się w stronę stacji kolejowej, świeciło słońce. Temperatura wynosiła w okolicach jednego stopnia. Natalkę ubrałem ciepło , żeby się nie przeziębiła. Siedząc w pociągu, myślałem o tym, co się wydarzyło. Mało tego, prawie każda osoba, która udostępniła moją zbiórkę, dodała jeszcze swój komentarz, prosząc, żeby udostępnić to jeszcze dalej. Było to naprawdę niesamowite. Jak duża ilość osób o dobrych sercach zaangażowała się w sprawę. Będąc już na peronie w Leeds, wstąpiłem do sklepu po kolejną kawę. Byłem strasznie niewyspany, a do szpitala musiałem jakoś dojść. Popijając pyszne cappuccino, chciałem sprawdzić komentarze pod zbiórką. Niestety, wyskoczył mi komunikat, że środki na telefonie się skończyły. Chciałem doładować kartę, ale żeby to zrobić, mój telefon uparcie chciał połączenia z internetem. No nic, schowałem go do kieszeni i poczekałem, aż połączę się z darmowym internetem w szpitalu.

Będąc już na miejscu, Ewa spytała się mnie, dlaczego nie dałem jej znać, o której godzinie będę. Odparłem, że skończyły mi się środki na karcie i nie miałem jak jej doładować. Pokazałem jej również zbiórkę oraz jaki dałem opis i zdjęcie. Udostępnień było już ponad trzydzieści. Do tego pojawiały się nowe komentarze. Ewa była zdziwiona, że mój pomysł ruszył. Prędzej spodziewała się tego, że nikt nie będzie zainteresowany naszą sytuacją. Rozmawialiśmy jeszcze przez dłuższą chwilę. Następnie udałem się do sali, w której leżał mały wojownik. Zrobiłem mu małą niespodziankę. Wydrukowałem trzy kartki z bardzo ważnymi dla niego rzeczami oraz postaciami. Mimo braku chęci do wszystkiego tym razem się ucieszył. Wyciągnąłem z plecaka nożyczki oraz taśmę. Wszystkie kartki przyczepiłem nad jego łóżkiem. Sebastian poprosił mnie, czy mógłbym mu zmienić bajkę w telewizji. Kiedy to zrobiłem, chwycił mnie znowu za dłoń, delikatnie ją ściskając. Poprosił mnie również o to, czy mógłbym zostać i z nim poglądać bajki. Powiedziałem mu, że z miłą chęcią poglądam kreskówki. Spędzanie czasu z synem coraz bardziej nas do siebie przybliżało. Może w ten sposób chciałem odrobić czas, który poświęcaliśmy na ratowanie życia Natalii? Na to pytanie nie znałem odpowiedzi. Musiało jednak coś w tym być, mimo że minęły już ponad trzy lata od poprzednich wydarzeń. Oglądaliśmy razem bajkę.

Trzy wydrukowane kartki, które powiesiłem synowi nad łóżkiem szpitalnym

Plan na przyszły miesiąc

Twoje życie staje się lepsze tylko, gdy ty stajesz się lepszym.

Brian Tracy

Minęło parę kolejnych dni. Powoli byliśmy wdrażani w to, jak będzie przebiegać intensywne leczenie, które miało trwać sześć miesięcy. Syn w dalszym ciągu czekał na zabieg, który miał odbyć się w nocy dwudziestego piątego lutego. Plan lekarzy był taki, że jeśli zabieg się powiedzie, to parę dni później wypiszą dziecko do domu. Warunek był taki, że wyniki badań musiały być prawidłowe. Jeśli nie, będzie musiał pozostać w szpitalu.

Do czasu zabiegu praktycznie nic się nie zmieniło. Czasami miałem tylko opóźniony pociąg, czy to poranny, czy powrotny. Obiady jadłem dalej na mieście. Codziennie przyjeżdżałem z Natalką do szpitala. Był nawet jeden taki dzień, w którym na sali, oprócz Sebastiana, nie było innych pacjentów. Pozwolono nam, aby Natalka mogła odwiedzić swojego braciszka. Tak bardzo się ucieszyła na jego widok. Tego nie da się opisać słowami. Usiadła koło niego na łóżku i z pomocą mamy przytuliła go. Pomoc ta była niezbędna, by przypadkiem nie uszkodzić kroplówki, z której leciały leki, albo by dziecko nie usiadło na dłoni, w którą wbite były wenflony. Tą chwilą mogliśmy się cieszyć niecałą godzinę. Wtedy przyszła do nas pielęgniarka i powiedziała, że zaraz na salę ma wjechać kolejny pacjent. Proszą nas, aby dwie osoby opuściły to miejsce i udały się do poczekalni. Nie ważne dla mnie było to, ile czasu Natalia spędziła z Sebastianem. Najbardziej liczyło się dla nas, że w ogóle mogła go zobaczyć. Zabrałem więc małą do poczekalni. Ewa została z Sebastianem. Staraliśmy się zmieniać tak co trzydzieści minut.

Mijały kolejne dni. W końcu nadszedł ten, w którym nasz syn miał mieć robiony zabieg. Jakiekolwiek ogólne znieczulenie zawsze nas przerażało. Zabiegów również się baliśmy. Wynikało to z przykrych doświadczeń z przeszłości podczas leczenia Natalii. Takie wyrazy jak znieczulenie czy zabieg strasznie zakorzeniły się w naszych głowach. Niestety, ale bez narkozy zabieg nie mógł zostać przeprowadzony. Modliliśmy się tylko z żoną, aby obeszło się bez komplikacji. Bez tego nie wypiszą syna do domu. Będzie musiał być w szpitalu, nie wiadomo jak długo. Wcześniej to Natalia przechodziła szereg operacji. Dla synka było to pierwszy raz. Nie wiedzieliśmy nawet, jak jego organizm zareaguje na narkozę. Obaw było wiele. Godzina również była już późna. Nie mogłem zostać z Natalią w szpitalu tak długo. Poprosiłem tylko Ewę, żeby pisała mi na bieżąco, jak przebiega sytuacja. Kiedy byłem już w domu, Sebastiana zabrali na blok operacyjny. Niestety, nie przypominam sobie, ile czasu trwał cały proces. Wiadomość, że wszystko przebiegło zgodnie z planem, dostałem od mojej żony dopiero z samego rana. Napisała mi jeszcze, że Sebastian śpi. Dodała, że ona również idzie się położyć, bo miała nieprzespaną noc. Najważniejsze, że wszystko się udało. Z tą myślą, w drodze na peron, wstąpiłem do małego sklepiku, gdzie stała maszyna do kawy. Zawsze brałem gorący napój w podwójny kubek. Przy wózku Natalii nie miałem miejsca na żaden napój. Był to wózek wypożyczony od urzędu miasta. W ofercie nie mieli jednak uchwytu na kubek. Większość akcesoriów musieliśmy dokupić z własnej kieszeni. Będąc już na peronie, nie pozostało nam nic innego, jak tylko poczekać na nasz środek transportu.

Była już końcówka lutego. W tym okresie przeważały dni słoneczne. Czasami potrafiłem ściągnąć kurtkę, bo było mi za gorąco. Po około piętnastu minutach dotarłem na miejsce. Syn dalej spał. Usiadłem sobie obok na krześle i zacząłem pić kolejną kawę. Przygotowałem ją sobie w szpitalnej kuchni. Dodatkowo wziąłem dwa batoniki o różnych smakach. „Niech odpoczywa" pomyślałem, chwytając go za rękę. Nie miałem zamiaru go budzić. Nasza wspólna zabawa klockami oraz oglądanie bajek mogło poczekać. Wykorzystałem ten moment, aby odpisać wszystkim na wiadomości, które do mnie wysłali. Komentarze pod zbiórką zaczęły się mnożyć. Kątem oka spojrzałem na ilość udostępnień. Było już ich ponad pięćdziesiąt! Dalej do mnie nie docierało, że to działa. Nie minęło może dziesięć minut, również mnie zaczęły przymykać się oczy. Zmęczenie było tak duże, że organizm robił to automatycznie. W tym samym czasie syn wstał. Nie zwrócił uwagi na to, że mam przymknięte oczy. Wcisnął mi pilot od telewizora, prosząc, abym wpisał mu nazwę bajki, którą chciał w danym momencie obejrzeć. Uwielbiał, kiedy oglądałem kreskówki razem z nim. W tym dniu lekarze mieli dać nam więcej informacji odnośnie do wypisu dziecka ze szpitala. Jednak nikt się nie zjawił przez cały dzień. Nie zdziwiło nas to. Niejednokrotnie doświadczyliśmy tego, że w szpitalu mówili jedno, a robili drugie. Spojrzałem na zegarek. Było już późno i musiałem wracać z Natalią do domu. Pożegnaliśmy się z rodziną i ruszyliśmy w naszą monotonną trasę.

Kiedy siedziałem wieczorem przy komputerze, szukałem informacji. Nie wiedziałem, dlaczego tak wiele osób miało problem z wpłatą na zbiórkę. Nie znalazłem odpowiedzi na to pytanie. Za to wpadłem na inny pomysł.

Poczytałem trochę w Internecie i natrafiłem na stronę angielskiej fundacji. Można było założyć tam swoje konto, opisać przypadek i podać jaką kwotę chce się uzbierać. Ta fundacja pobierała prowizję od każdej przelanej kwoty. Zarejestrowałem się i opublikowałem link do strony na swoich mediach społecznościowych. Dodałem w opisie, że wiele osób nie mogło nic zdziałać na poprzedniej zbiórce, więc zrobiłem alternatywne wyjście i mogą spróbować na nowej stronie. Od razu zaskoczyło. Zaczęły pojawiać się pierwsze kwoty. Byłem zadowolony z tego, że udało mi się rozwiązać daną sytuację. Wyłączyłem komputer i poszedłem spać. Zmęczenie mojego organizmu było tak silne, że zasnąłem momentalnie.

Następnego dnia, kiedy byłem już w szpitalu, do sali wszedł lekarz prowadzący. Powiedział, że jutro dziecko zostanie wypisane do domu pod warunkiem, że będziemy trzymać się ściśle określonych zadań. Były one bardzo istotne. Dostaniemy również kartę do domu wydrukowaną na papierze A4 z informacjami, jakie leki podawać dziecku, oraz o której godzinie. Będzie wszystko opisane. Czy przed jedzeniem albo ile czasu trzeba odczekać po posiłku, aby podać dany lek. Jakich mamy używać strzykawek, przy których lekach wymagane będą rękawiczki i tak dalej. Kolejny stos informacji.

Najważniejsze jednak było to, że Sebastian opuści szpital. Warunkiem wypisania dziecka do domu była jego izolacja domowa przez okres 6 tygodni. Jedynym wyjątkiem miały być dojazdy do szpitala na leczenie. Zabrałem więc z sobą do domu najwięcej rzeczy, ile byłem w stanie udźwignąć. Resztę miała wziąć żona w dniu, kiedy wypiszą dziecko. Mając przy sobie dużo bagażu, ledwo doczłapałem się do domu. Sam do końca nie wiedziałem, czy damy radę. Czy będziemy w stanie pilnować wszystkich leków. Było tego strasznie dużo! Jedno było pewne. Trzeba było stawić czoła nowemu wyzwaniu.

Ustaliliśmy z żoną, że następnego dnia nie przyjadę do szpitala, tylko przygotuję dom pod ich powrót. Natalii włączyłem bajki w telewizji i zacząłem sprzątać. Przed położeniem Natalki spać, pobawiłem się z nią w jej pokoju. Bawiliśmy się w sklep. Bardzo podobało jej się przekładanie plastikowych owoców do siatki. Kiedy spytałem się, ile płacę? Za każdym razem odpowiadała pięć funtów. Po godzinie zabawy położyłem małą spać. Dałem jej buziaka, następnie zszedłem na dół, aby dokończyć sprzątanie. Dzień zleciał jak z bicza strzelił. Kończąc myć naczynia, spojrzałem na zegar, który znajdował się w kuchni. Było już późno, więc usiadłem na kanapie. Chciałem chwilę odpocząć i napić się herbaty, lecz zasnąłem.

Kiedy się przebudziłem, była już 3 nad ranem. Odniosłem zimną herbatę do kuchni. Poszedłem na górę, żeby zobaczyć, czy córeczka śpi. Nie kładłem się już dalej spać. Włączyłem komputer i otworzyłem plik, który czekał bardzo długi czas, aby go dokończyć. Mianowicie kiedyś zacząłem pisać książkę o historii Natalii, ale nigdy jej nie skończyłem. Gdyby na komputerze można było przypisywać ikoną, jak długo nikt ich nie otwierał, zapewne ta miałaby na sobie pajęczyny i stertę kurzu. Wtedy podjąłem decyzję, że tym razem dokończę tę niesamowitą historię i podzielę się nią ze światem. Zacząłem od przeczytania tego, co miałem już napisane. Nie było tego zbyt dużo, bo zaledwie niecałe 40 stron formatu A5. Po przeczytaniu tekstu wyłączyłem komputer. Miałem spore ambicje. Nie wiedziałem jednak, czy dam radę wracać pamięcią do tamtych wydarzeń. Jeszcze raz powiedziałem sobie, że tym razem zrobię wszystko, co w mojej mocy, aby dokończyć tę historię.

Kiedy dochodziła godzina 12:00 w południe, nie otrzymałem jeszcze żadnego telefonu od żony o tym, o której będą w domu. Zadzwoniłem więc do niej i spytałem się, czy już coś wie. Odparła mi tylko, że wszystko ma spakowane i czeka na wypis, ale nie wie, ile to potrwa. Dodała również, że szpital zaaranżuje taksówkę, którą opłaci. Z jednej strony nie mogłem doczekać się powrotu rodziny do domu, z drugiej zaś obawiałem się, jak to będzie. Był już poniedziałek, 28 lutego.

Około godziny 17:00 przez okno w salonie zobaczyłem, że podjechała taksówka. Pomogłem żonie wyjąć bagaże, po czym zaprowadziliśmy dziecko do domu, podtrzymując go za rękę. Sebastian był strasznie rozkojarzony oraz zmęczony. Nie przywitał się nawet ze mną oraz ze swoją siostrą. Usiadł na kanapie. Poprosił mnie, czy mogę mu podać kontroler do konsoli. Zrobiłem to. Nie chciałem mu przeszkadzać. Usiadłem tylko koło niego. Bardzo się cieszyłem, że jest już w domu. Dzień dobiegał końca. Przyszedł moment na podanie dziecku pierwszych leków samemu. Z początku robiła to moja żona, a ja zajmowałem się córką.

Cała paczka niebieskich gumowych rękawiczek rozmiaru M leżała na blacie w kuchni, koło lodówki. Obok zaś znajdowała się siatka ze strzykawkami o różnych pojemnościach. Rozpiska leków wisiała w widocznym miejscu. Na kolejnym blacie, tym razem koło bojlera, stało żółte wiaderko na odpady chemiczne. Nowe przedmioty w kuchni zajęły znaczną część miejsca. Jednak kuchnia była idealnym miejscem, by trzymać całą chemię z dala od dzieci. Wszystkie leki zostały przygotowane. Zmieszaliśmy je z sokiem bez cukru. Wcześniej, gdy Sebastian był jeszcze w szpitalu, Ewa próbowała podawać mu je z wodą. Mowy nie było, aby dziecko to wypiło.

Był to dla nas wszystkich naprawdę ciężki dzień. Sebastian miał zachwianą równowagę. Trzymając go za lewą rękę, pomogłem mu wejść po schodach do góry. On zaś prawą ręką trzymał się barierki.

Małymi kroczkami pokonywał trasę, którą wcześniej potrafił wbiec. Tak silne leki dostawał, aż nie zdawałem sobie sprawy, jak bardzo mogą zaburzyć rytm chodzenia. Było po nim widać, że w dalszym ciągu się pocił. Na szczęście czuł się na tyle dobrze, że nie wymiotował ani nie dostawał gorączki. Zasnął momentalnie. Nie wiedzieliśmy, co nam przyniesie jutro. Chcieliśmy tylko spokojnie przespać noc. Z tyłu głowy krążyły mi myśli: żeby tylko Sebastian nie musiał wracać do szpitala; żeby tylko nie poczuł się źle w nocy. Zasnąłem na podłodze przy jego łóżku, trzymając jego rękę.

Obudziłem się dopiero rano z lekkim bólem pleców od twardego podłoża. Sebastian, słysząc, jak otwieram bramkę, którą mieliśmy zamontowaną przy schodach u góry, obudził się. Poprosił, czy pomogę mu wstać z łóżka. Chciał zejść ze mną na dół i oglądać bajki. Bez zastanowienia zawróciłem i pomogłem mu zejść z łóżka. Następnie założył kapcie i ostrożnie zszedł po schodach do salonu. Włączyłem mu telewizor i udałem się do kuchni, aby przygotować dla wszystkich śniadanie. Ewa z Natalią jeszcze spały, a ja przygotowałem jajecznice z bekonem oraz szczypiorkiem. Taki posiłek pozwalał mi mieć energię na ładnych parę godzin.

Kiedy usłyszałem, że reszta rodziny wstała, zastanawiałem się, kiedy będę w stanie wznowić treningi. Najpierw musiałem wczuć się w nowe obowiązki, a następnie dopasować pod to wyjścia na siłownię.

Nasze życie domowe zmieniło się. Diagnoza u syna była jak cios poniżej pasa. Jeszcze gorsze były leki, które dostawał, a właściwie jeden ich rodzaj – sterydy. Coś okropnego. Dostawał ich znaczną ilość, a skutkiem ubocznym była ciągła zmiana nastroju oraz rosnąca z dnia na dzień agresja. Czasami nie byliśmy w stanie go uspokoić, nawet przez 10 minut. Koszmar, którego scena rozgrywała się na oczach naszej małej córeczki.

Nawet jeśli chciałem wziąć go na ręce i przytulić, wyrywał się niczym zwierzyna złapana w pułapkę. Do tego czasami bijąc pięściami i kopiąc nogami gdzie popadnie. Uspokajał się dopiero wtedy, gdy nie miał już siły na okazywanie swoich emocji i bezradności. Czasami moje oczy robiły się szkliste. Nie wiedziałem, jak w takiej sytuacji mogę mu pomóc.

Lekarz powiedział nam, że intensywne leczenie będzie trwać 6 miesięcy i musimy sobie dać radę najlepiej, jak umiemy. Jeśli agresja nie ustąpi, trzeba będzie wrócić z dzieckiem do szpitala, czego bardzo nie chcieliśmy. Dni mijały, aż zbliżył się czwartek, czyli dzień, w którym musieliśmy pojechać na kolejne podanie chemii.

Moje nowe obowiązki

Stres to opieranie się temu, czego nie chcemy.

David R. Hawkins

Był 3 marca. Wstałem z samego rana przed wszystkimi. Za oknem było jeszcze ciemno. Wizytę w szpitalu mieliśmy na godzinę 10, więc miałem jeszcze dużo czasu, aby wszystko przygotować. Najbardziej obawiałem się trasy. Ze względu na domową izolację syna, tym razem musiałem wziąć samochód. Najgorszym odcinkiem było centrum miasta. Wieczne remonty i zmiany pasów paraliżowały ruch każdego dnia. Było to dla mnie strasznie stresujące. Nie lubię sytuacji, kiedy muszę zmienić nagle pas i przez przypadek wymusić pierwszeństwo, a nie raz mi się to już zdarzyło. Byłem jednak zmuszony sprostać tym obawom i dostać się do szpitala. Gdybym pojechał pociągiem, Sebastian mógłby bardzo łatwo złapać jakąś infekcję. Jego organizm miał strasznie obniżoną odporność, a my mieliśmy zakaz podawania mu czegokolwiek, co zawierało naturalną florę bakterii.

W ten dzień powiedziałem Ewie, że musimy wyjechać szybciej. Wyszedłem więc przed dom, aby przygotować samochód, którego szyby były zamarznięte, ponieważ temperatura na dworze wynosiła zero stopni. W zimowej czapce i skórzanych rękawicach użyłem specjalnego sprayu. Pomagał on w tym, aby odmrozić szyby bez konieczności użycia skrobaczki. Następnie, gdy w aucie było już wystarczająco ciepło, wsadziliśmy dzieciaki do fotelików na tylne siedzenia. Włączyłem silnik, następnie ruszyliśmy w trasę, która miała nam zająć 40 minut.

W praktyce wyszło jednak troszkę dłużej.

Pierwszy korek zaczął się już przy wjeździe na autostradę, czyli niecałe 5 minut drogi od naszego domu. Tam straciłem około 6 minut. Następnie, gdy wjechałem na autostradę, nie musiałem długo czekać, zanim zaczął się kolejny. Wszystko za sprawą rozwalonego auta na pasie awaryjnym. Policja zamknęła jeden pas ruchu, a przepływ na drodze zrobił się dopiero po minięciu radiowozu. Byliśmy w tyle jakieś 15 minut, a nie przejechaliśmy nawet połowy drogi. Całe szczęście poprzednie doświadczenie nauczyło mnie, by wyjeżdżać w dużym zapasem czasu. Zniwelowało to mój poziom stresu, aczkolwiek potężne korki zaczęły się dopiero po zjechaniu z autostrady. Miasto było rozkopane, gdzie się tylko dało. Dostawione sygnalizacje świetlne, ograniczenia prędkości oraz fotoradary utrudniały nam całą podróż.

Tabliczka informująca o tym, że parking przeznaczony jest tylko dla pacjentów z onkologii

Dojechaliśmy do miejsca docelowego. Mieliśmy specjalny bilet i kod do bramki na parking dla pacjentów z onkologii. Nasza trasa, zamiast docelowych 40 minut, trwała ponad godzinę. Wypakowałem wózek

Natalii z bagażnika. Umówiliśmy się tak, że ja zajmę się córką i pójdę z nią na miasto zrobić zakupy, a Ewa uda się z Sebastianem na badania i zadzwoni do mnie, jak się skończą i że spotkamy się przy samochodzie. Zabrałem więc małą ze sobą i ruszyłem w stronę zatłoczonych ulic.

Tłumy ludzi nie pozwalały mi swobodnie poruszać się z wózkiem po chodniku. Mimo że był to początek marca, to ludzi w centrum handlowym było strasznie dużo. Czasami w kolejce do kasy stałem nawet 10 minut, a nie był to żaden okres wyprzedaży.

Kręciłem się z Natalią po mieście, nie wiedząc już, do jakich sklepów wchodzić. Wszystko, co miałem kupić, było już w siatkach i plecaku. Nie dostałem jeszcze żadnej wiadomości od żony dotyczącej powrotu. Usiadłem więc w centrum głównej ulicy na metalowej ławce. Wokół wózka zebrało się stado gołębi szukających resztek jedzenia. Natalia, widząc ptaki, wystraszyła się i popłakała. Uspokoiłem ją, mówiąc, że zwierzęta też są głodne. W ten sposób szukają pożywienia.

W tym samym czasie zadzwonił telefon. Ewa powiedziała, że wszystko odbyło się zgodnie z planem i możemy powoli wracać do samochodu. Od centrum miasta do parkingu koło szpitala szło się 10 minut szybkim krokiem. Spotkaliśmy się na miejscu. Widziałem, jak moja żona jest bardzo zmęczona. Sebastian również chciał już wsiąść do samochodu.

Jak tylko ruszyłem w drogę powrotną, wszyscy pasażerowie zasnęli w mgnieniu oka. Spali tak mocno, że gdy zaparkowałem auto już pod domem, musiałem ich zbudzić. Ja sam, siedząc już w salonie, zrobiłem sobie półgodzinną drzemkę. Gdy już wstałem, wziąłem telefon, by sprawdzić swoje media społecznościowe. Wszystko ruszyło tak bardzo do przodu, aż przerosło to moje oczekiwania. Udostępnień było coraz więcej, a także pojawiały się symboliczne wpłaty. Ostatnio miałem tyle na głowie, że nie miałem czasu odpisywać z podziękowaniami. Zrobiłem to dopiero wieczorem, kiedy byłem już przy komputerze.

Jak już skończyłem odpisywanie, wziąłem się za dalsze pisanie książki o historii Natalii. Wiedziałem, że będzie to bardzo ciężka przeprawa. Musiałem sobie przypomnieć wszystkie wątki. Myślami wracać do tych miejsc, w których krążyła śmierć nad naszymi głowami i tylko czekała, by odebrać nam córkę. Na szczęście kosiarz przegrał z nami tę potyczkę i nasza córeczka cieszy się z najmniejszej drobnostki do dzisiaj. Otworzyłem program do pisania. Wziąłem głęboki wdech, następnie powoli wypuściłem powietrze i zacząłem kontynuować tę niezwykłą historię. Pisało mi się strasznie ciężko, dlatego postanowiłem, że będę ją pisał pomału. Jeśli stwierdzę, że w dany dzień zjadłem już za dużo stresu, przypominając sobie wszystkie wydarzenia, odpuszczę pisanie i zacznę z powrotem, jak emocje już opadną. Tak właśnie zrobiłem tego wieczoru. Zapisałem plik, następnie odpisałem jeszcze paru osobom, które wspierały mnie na moich zbiórkach i udałem się do łóżka.

Głowę miałem pełną niespokojnych myśli. Leżałem, patrząc się w sufit. Nie wiedziałem, czy dam radę dokończyć tę opowieść. Bardzo trudno było mi się skupić na pisaniu, równocześnie przypominając sobie wszystkie wydarzenia związane z córką.

Następny dzień zaczęliśmy od zmierzenia dziecku temperatury. Mieliśmy rękę na pulsie. Zdawaliśmy sobie sprawę z tego, że przy tak niskiej odporności organizmu wszystko się może zdarzyć. Samochód mieliśmy zawsze zatankowany, by w razie potrzeby móc od razu jechać do szpitala. Za każdym razem, gdy wracaliśmy ze sklepu, czy to ja, czy Ewa, dokładnie myliśmy ręce, by nie przynieść niepotrzebnych zarazków blisko Sebastiana. Izolacja była dla niego jak więzienie. Czasami już nie wiedział, co ma ze sobą zrobić. Konsola, klocki i jakiekolwiek inne zabawki nudziły go, a widać było po nim, że strasznie chciałby wyjść na dwór bądź spotkać się ze znajomymi. Było mi strasznie przykro, patrząc na jego cierpienie. Czasami zdarzało mi się uronić parę łez. W tej kwestii byłem zupełnie bezradny. Jedyne, co mogłem zrobić, to tylko czekać, aż ta izolacja minie i dziecko będzie mogło wyjść zaczerpnąć świeżego powietrza. Sytuację ratowały jedynie wyjazdy do szpitala, gdzie mogło, choć na chwilę, znaleźć się na dworze.

Dni mijały. Widziałem po mojej żonie, że jest coraz bardziej zmęczona. Usiedliśmy wspólnie w salonie, gdy dzieci poszły już spać. Zaczęliśmy rozmawiać o naszych obowiązkach. Wspólnie ustaliliśmy, że odwrócimy role. Wszystko, co związane z Sebastianem, będzie na mojej głowie, a Ewa zajmie się Natalią. Chcieliśmy sprawdzić, czy takie rozwiązanie będzie lepsze. Musieliśmy podjąć próbę, ponieważ sytuacja coraz bardziej nas przytłaczała.

Następnego dnia Sebastian nudził się. Patrzył przez okno w swoim pokoju. Był zły, że nie może wyjść na zewnątrz się pobawić. Jego agresja zaczęła narastać. Jedyne, co mogliśmy zrobić, to czekać bądź zadzwonić do kliniki. Wiązałoby się to z tym, że kazaliby nam przyjechać na oddział natychmiast. Wybraliśmy tę pierwszą opcję. Odczekaliśmy jakiś czas. Agresja ustała, lecz nie wiedzieliśmy, na jak długo.

Poszedłem dalej bawić się z Sebastianem klockami oraz sportowymi, małymi samochodzikami. Wieczorem czekała mnie nauka podawania domowych leków. Bałem się. Najbardziej tego, że nie zapamiętam ich wszystkich oraz dawek, jakie syn powinien otrzymać. Podczas intensywnego leczenia było ich naprawdę dużo.
Nastał ten czas, o który tak bardzo się obawiałem. Sebastian odczekał godzinę po ostatnim posiłku i trzeba było podać mu pierwszy lek. Nie miałem jeszcze rękawiczek dużego rozmiaru, więc wziąłem mniejsze. Założyłem je na swoje duże palce. Ledwo się zmieściły. Kolejnym krokiem było mieszanie szklanej fiolki przez 30 sekund. Następnie otworzenie strzykawki 5 ml i nabranie leku oraz wlanie go do szklanki i rozmieszanie z sokiem bez cukru (Sebastian nie chciał brać żadnych leków z wodą). Wypił. Kolejnym elementem było podanie mu najgorszego, według mnie, leku, czyli sterydów. Procedura podobna, lecz już bez rękawiczek i mieszania fiolki. W poniedziałki oraz wtorki otrzymywał również specjalny antybiotyk. Był akurat wtorek, więc również ten lek mu podałem. Po jakimś czasie dziecko poszło spać.

Będąc w kuchni, wziąłem przypięty do kalendarza czarny długopis. Zaznaczyłem w kółka leki, które dziś otrzymał. Kartka przyczepiona była do lodówki. Przytrzymaliśmy ją magnesami z naszych wakacji. Z lewej górnej strony była to Majorka, z prawej zaś Sardynia, a na dole pośrodku znajdował się magnes z Walii. Dopiero po tych procedurach zdałem sobie sprawę, jakie nowe obowiązki mnie czekają. Pewny byłem tego, że lekko nie będzie, ale zrobię co w mojej mocy, aby się tego wszystkiego nauczyć.

Siedząc już na kanapie, włączyłem telefon. Zacząłem odpisywać ludziom na wiadomości. Starałem się to robić na bieżąco. Nie chciałem takiej sytuacji, by nazbierało mi się tych wiadomości tak dużo, że nie byłbym w stanie każdemu odpisać. Już teraz zajmowało mi to ponad godzinę. Człowiek nie zdaje sobie sprawy, jak wiele jest ludzi o dobrych sercach, dopóki sam nie znajdzie się w krytycznej sytuacji.

Kiedy już odpocząłem po całym intensywnym dniu, udałem się do sypialni i bardzo szybko zasnąłem.

Zamknięty w domu

Bądź silny. Nie bój się zacząć działać z tym, co masz. Nie bój się mierzyć wyżej.

Regina Brett

Dni mijały. Raz było słonecznie, a raz padał deszcz. Od czasu do czasu zdarzał się silny wiatr, ale nie to miało znaczenie. Ważniejsze było, kiedy skończy się ta cholerna izolacja Sebastiana. Naprawdę nie dużo już zostało. Minęła już ponad połowa tego okropnego czasu. Nie mogliśmy się doczekać, kiedy dziecko będzie mogło w końcu wyjść na dwór. Przerażała nas myśl, jak Sebastian zareaguje na powrót do swoich przyjaciół, będąc na silnych lekach.

Zbliżał się 10 marca. Żyliśmy między domem a szpitalem. Mieliśmy bardzo dużo wizyt z Synem. Po drodze zdarzały się również wizyty Natalii, lecz w innym szpitalu. Śmiało mogę napisać, że większość krętych korytarzy w obydwóch szpitalach znałem niemalże na pamięć. Grafik był strasznie napięty. Do tego trzeba było pilnować mycia rąk, by nie wnieść do domu zarazków, które mogłyby zaszkodzić naszemu synowi. Diety również trzeba było pilnować. Musieliśmy unikać jakichkolwiek produktów, które zawierały żywe kultury bakterii. Te wszystkie obowiązki z dnia na dzień stawały się prostsze, ale odpowiedzialność była bardzo wysoka.

Pewnego dnia dostałem telefon od znajomego, który mieszkał w Szkocji. Powiedział, że 15 marca będzie w mojej okolicy i czy mógłby przyjechać, chciałby odwiedzić całą rodzinę. Powiedziałem mu, że muszę skontaktować się z kliniką z racji tego, że dziecko ma izolację

Sebastian w domu podczas izolacji

domową. Musiałem najpierw dowiedzieć się, czy jest to bezpieczne. Powiedziałem, że zadzwonię do niego najszybciej, jak tylko dostanę informację.

Zadzwoniłem na oddział onkologii w celu uzyskania informacji. W informacji zwrotnej dostaliśmy pozytywną odpowiedź. Warunkiem było tylko to, że odwiedzić go może jedna osoba, oraz aby zachowała higieniczne środki ostrożności. Następnego dnia zadzwoniłem do kolegi i potwierdziłem, że może przyjechać. Byłem wtedy w centrum handlowym w Leeds i niedługo po tym, jak skończyłem rozmowę, zadzwoniła do mnie kolejna osoba. Mieszkała ona na południu Anglii. Powiedziała, że będzie w okolicy 16 marca i czy istnieje możliwość odwiedzenia mojej rodziny. Mając już informację z kliniki, że taka możliwość istnieje, potwierdziłem wizytę. Umówiliśmy się na środę w godzinach popołudniowych. Byłem bardzo zaskoczony. Odezwali się do mnie moi znajomi, którzy chcieli nas odwiedzić, wiedząc, przez co aktualnie przechodziliśmy. Z natłoku informacji kompletnie zapomniałem o tym, że 17 marca miała odwiedzić nas moja mama oraz o tym, że w godzinach wieczornych tego dnia miałem odebrać ją z lotniska w Manchesterze. Aby o niczym nie zapomnieć, wziąłem zeszyt. Wszystkie ważne terminy spisałem, aby o nich nie myśleć.

Kolejne dni minęły bez zmian. W końcu nastała środa, czyli dzień pierwszych odwiedzin. Wytłumaczyliśmy synowi, że przyjedzie dzisiaj pewien pan, który chce go odwiedzić. Godziny mijały. Sebastian patrzył w okno w oczekiwaniu na gościa. W końcu nastała ta chwila. Srebrne BMW zaparkowało tuż obok naszego Forda Focusa. Na podjeździe mieliśmy miejsce na dwa samochody, więc nie było problemu z miejscem parkingowym. Przywitaliśmy Michała. Usiedliśmy w salonie przy kawie oraz cieście. Sebastian oraz Natalia dostali upominki, z których byli bardzo zadowoleni.

Razem z kolegą myśleliśmy, co by tu zrobić, aby jeszcze bardziej zwiększyć zasięg moich zbiórek, które organizowałem. Po pewnym czasie znaleźliśmy sposób, który jak się później okazało, zadziałał. Minęły może 4 godziny i Michał musiał już wracać do domu. Czekała go długa podróż powrotna do Szkocji. Podziękowaliśmy za wizytę, słowa wsparcia, oraz za pomoc przy algorytmach zbiórek. Byliśmy bardzo zadowoleni z tego, że wśród nas jest tak dużo osób o dobrych sercach.

Nastał czwartek. Piękny wschód słońca zapowiadał ładną pogodę na cały dzień. Niestety, nie mogliśmy jeszcze wyjść na spacer z dziećmi. To znaczy, mogliśmy z Natalią, ale dla Sebastiana, żeby nie robić mu przykrości, po prostu nie braliśmy tego pod uwagę.

Syn, przy śniadaniu, zaczął wypytywać o kolejnego gościa oraz o to, kiedy przyleci babcia. Dziecko, będąc cały czas na lekach, w dalszym ciągu się pociło. Musieliśmy minimum dwa razy dziennie zmieniać mu ubrania. Tak samo, jak wczoraj, Sebastian patrzył przez okno i oczekiwał na osobę, która niedługo miała się pojawić. Tym razem na naszym parkingu zaparkowało auto marki Infinity. My, tak samo, jak wczoraj, przywitaliśmy gościa i usiedliśmy przy kawie i herbacie, żeby porozmawiać. Paweł to bardzo dobry człowiek. Jego słowa wsparcia podczas pobytu dodały nam jeszcze większej motywacji do działania. Wizyta trwała tylko około dwóch godzin, ponieważ znajomy miał długą drogę do domu. Kiedy odjeżdżał, Sebastian dalej patrzył w okno, lecz tym razem było już ciemno. Był to naprawdę pięknie spędzony czas. Wieczór spędziliśmy wraz z żoną przy oglądaniu jednego z naszych ulubionych seriali, kiedy dzieci już spały. Nie mogłem się doczekać kolejnego dnia. Miała do nas przylecieć jedna z najważniejszych kobiet w moim życiu, czyli moja mama. Oglądaliśmy dalej serial. Nie pamiętam, kiedy zasnąłem. Obudziłem się dopiero rano z głową na poduszce oraz przykryty kocem na kanapie. Musiałem być bardzo zmęczony, skoro nie przebudziłem się w nocy, żeby udać się do łóżka. Wstałem wypoczęty z lekko zdrętwiałą ręką, którą miałem ułożoną w złej pozycji. Parę machnięć w górę oraz dół i dość szybko ręka wróciła do normy, pozostawiając na jakiś czas lekkie mrowienie.

By pojechać po moją mamę na lotnisko, musiałem czekać do wieczora. Lot był bardzo późno, a samolot lądował w okolicach godziny 23. Dzień minął bez zmian. Wieczorem wsiadłem w samochód i wyruszyłem w podróż na lotnisko do Manchesteru. Autostradą jechało mi się bardzo dobrze, lecz w samotności z piosenkami lecącymi z płyty. Definitywnie wolałem mieć dobre towarzystwo, kiedy prowadziłem auto, niż jak nie miałem się do kogo odezwać.

Dojechałem na terminal. Moja mama już czekała. Okazało się, że samolot przyleciał 30 minut szybciej. Wsiadła do samochodu, a ja przywitałem bardzo ważną dla mnie osobę. Ruszyliśmy w drogę powrotną do domu. Zacząłem jej o wszystkim opowiadać. Zbliżając się do wylotówki na autostradę, okazało się, że ją zamknięto z powodu remontów drogowych. Zatrzymałem się na pierwszym możliwym poboczu. Wziąłem telefon, następnie zacząłem szukać innej trasy. Wracaliśmy przez wioski, które były słabo oświetlone. W drodze powrotnej powiedziałem mojej mamie, że zacząłem pisać książkę o historii Natalii. Dodałem również, że tym razem mi się uda, i książka zostanie opublikowana. Mama bardzo wspierała mnie w tym projekcie. Dokładnie znała historię swojej wnuczki. Do domu dojechaliśmy godzinę później, niż planowaliśmy. Najważniejsze, że dojechaliśmy bezpiecznie. Ewa jeszcze nie spała. Przywitała się z teściową, następnie w trójkę usiedliśmy przy herbacie. Nasze rozmowy przedłużyły się prawie do 1 w nocy.

Następnego dnia Sebastian zszedł na dół po schodach z moją pomocą. Musiałem trzymać go za rękę, aby nie upadł. Spojrzał na babcię i tylko się przywitał z odległości. Minę miał smutną. Nie wiedziałem, co było tego przyczyną. Jedynie mogłem się domyślić, że był to skutek uboczny sterydów bądź innego leku.

Z czasem syn przekonał się do babci i przyszedł się przytulić. Dnia poprzedniego ustaliliśmy, że dzisiaj wieczorem moja mama zostanie z dziećmi w domu, a ja z Ewą udam się na randkę, żeby troszkę odsapnąć od codziennych obowiązków.

Pojechaliśmy do kina na film „Mój dług". Następnie udaliśmy się do kawiarni, która również serwowała pyszne desery. Znajdowała się ona w tym samym budynku, co kino. Spędziliśmy miło czas i wróciliśmy do domu.

Ja wraz z moją żoną w kawiarni z deserami po seansie filmu „Mój dług"

Pobyt mamy trwał 3 dni. Kiedy się z nią żegnaliśmy, podziękowaliśmy z całego serca za wizytę. Powiedziałem jej również, że będę na bieżąco przesyłał jej informacje, jak wygląda sytuacja, żeby się nie martwiła.

Kiedy już udała się w stronę swojego terminalu, ruszyłem w drogę powrotną do domu. Tym razem jednak nie zamknęli mi mojego wjazdu na autostradę.

Dwa różne światy

Nie czekaj. Czas nigdy nie będzie właściwy.

Napoleon Hill

Zbliżał się koniec marca. Przeglądając telefon, dostałem wiadomość od znajomej. Usłyszała o tym, co nam się przytrafiło, i za wszelką cenę chciała w jakiś sposób pomóc. Podziękowałem jej, ponieważ każda pomoc przy tak trudnej sytuacji życiowej nam się przyda. Odpisała, że będziemy w kontakcie, życząc nam mimo wszystko wspaniałego dnia.

W międzyczasie jeździłem z Sebastianem na chemioterapię do Leeds, a Ewa zajmowała się Natalią oraz jej rehabilitacją. Od czasu do czasu nasza córka miała robione kontrolne skany USG różnych narządów. Lekarze musieli obserwować, czy wszystko jest dobrze w jej rozwoju. Przy rozszczepie kręgosłupa istniało duże ryzyko, że również narządy wewnętrzne mogą ulec uszkodzeniu. Szczególnie nerki były najbardziej narażone na zmiany. Gdyby cewnikowanie Natalii nie przebiegało poprawnie, mocz mógłby cofać się do nerek. Dlatego ten organ był najczęściej obserwowany przez lekarzy. Całe szczęście, badania kontrolne wychodziły dobrze, i nie musieliśmy się niczym martwić.

Pewnego wieczoru, kładąc się już spać, dostałem kolejną wiadomość od znajomej. Napisała mi, że zorganizuje charytatywny bal przebierańców dla dzieci i czy data 16 kwietnia nam pasuje, aby przyjechać? Spojrzałem w kalendarz. Miałem akurat okienko. Izolacja syna w tym terminie będzie już zakończona, więc śmiało możemy wybrać się całą rodziną. Potwierdziłem tę datę.

Koleżanka wspomniała mi również o tym, abym 2 kwietnia przyjechał do miejscowości Barnsley, tak koło północy. Podrapałem się po głowie, bo nie wiedziałem kompletnie, o co chodzi. Dopiero po chwili otrzymałem kolejną wiadomość, że znajduje się tam klub, w którym grają koncerty, ale nie to było ważne. Generalnie chodziło o sprzedaż losów, a do wygrania była butelka rumu. Całe zebrane pieniądze za zakupione losy miały zostać przekazane nam. Byłem zaskoczony. Oczywiście potwierdziłem, że przyjadę. Do tego miasta miałem niecałe 20 minut jazdy samochodem, więc nie było to daleko. Martwiło mnie jednak coś innego. Jak ja się tam odnajdę, jeśli jest to kompletnie nie mój świat? Jak mam wyjść na scenę, by nie zjadła mnie trema i wyciągać losy, czytając do mikrofonu cyferki, jaki numer wygrał? Musiałem stawić temu czoła i po prostu tam pojechać. Miałem jeszcze trochę czasu, aby ewentualnie się przygotować.

Po zakończonej rozmowie ze znajomą poszedłem spać, a żona przeglądała jeszcze informacje odnośnie do rehabilitacji Natalii, które dostaliśmy od fizjoterapeutki. Wszyscy chcieliśmy, aby Natalia była jak najbardziej samodzielna.

Czas minął bardzo szybko. Zanim się obejrzałem, był już 2 kwietnia. Do tego czasu rozstawialiśmy puszki w sklepach oklejone zaproszeniem na bal dla dzieci. W niektórych punktach zawisły również plakaty. Chcieliśmy, aby impreza była jak najbardziej rozreklamowana. Sebastian z samego rana włączył sobie konsolę, a ja udałem się do kuchni, by przygotować śniadanie. Sadzone jajka z bekonem to była jedna z tych potraw, którą lubiliśmy jeść najbardziej. Ja dodawałem na swój talerz jeszcze drobno posiekany szczypiorek, ale Sebastian za nim nie przepadał.

Uśmiech pojawiał mi się na twarzy za każdym razem, gdy widziałem, jak Sebastian je. Lekarze mówili, że dziecko ma jeść, nieważne jakie potrawy, byleby jadło. Gdyby tego nie robiło (a przy tej chorobie jest dużo dzieci, które nie mają apetytu), Sebastian musiałby mieć sondę w nosie – biały kabel, przez który byłby karmiony.

Skończyliśmy. Sebastian wrócił do grania na konsoli, a ja zadzwoniłem do swojej pracy. Polityka w firmie była taka, że co jakiś czas (przeważnie było to około 2 tygodni) musiałem tam pojechać, by złożyć sprawozdanie, jak wygląda sytuacja. Umówiłem się na godzinę 10. Pojechałem. Gdy czekałem w stołówce, dookoła przechodzili znajomi. Niektórzy się witali i pytali, jak się trzymam. Z jednym kolegą rozmawiałem dość długo. Po chwili przyszedł manager. Udaliśmy się do innej sali, abym mógł przekazać informację. Tego dnia miałem z sobą kolejne zwolnienie lekarskie, które dostałem na 3 miesiące.

Po załatwieniu formalności pojechałem z powrotem do domu. Mimo że mieszkałem bardzo blisko, to droga powrotna zajęła mi jeszcze raz więcej czasu. Dostawione dodatkowe światła przy skrzyżowaniu oraz remonty drogowe spowodowały duży korek.

Wróciłem do domu. Gdy otworzyłem drzwi, zobaczyłem uśmiechnięte dzieci. Sebastian szybko przybiegł, by się przytulić. Natalka przyszła na kolankach najszybciej, jak była w stanie. Gołym okiem było widać, że dzieci bardzo mnie teraz potrzebują w domu. Wrócenie do pracy stacjonarnej nie było w ogóle możliwe. Wtedy głęboko zastanowiłem się, co takiego mogę zrobić, aby móc zrezygnować ze zbiórek i móc zacząć utrzymywać się inaczej. Co prawda byłem w trakcie pisania książki. Nie wiedziałem jednak, czy po publikacji będę w stanie się z niej utrzymać?

Dzień dobiegał końca. Słońce zaszło, a na bezchmurnym niebie zaczęły pojawiać się gwiazdy. Była pełnia. Spoglądając na telefon, czekałem na wiadomość od znajomej. Miała mi napisać, na którą konkretnie godzinę mam przyjechać do klubu. Mimo tego, że klub ten przeznaczony był dla danej subkultury, ja ubrałem się normalnie. Nie posiadałem kolorowych włosów, skórzanych kurtek z naszywkami, kolczyków ani tatuaży. Nie paliłem papierosów, a alkoholu piłem bardzo sporadycznie. Muzyki również słuchałem innej. Dla mnie były to dwa różne światy. Nie miałem pojęcia, jak się w nich odnaleźć.

Telefon zadzwonił około godziny 21. Dostałem informację, żeby przyjechać przed północą, ponieważ rozdanie nagrody miało nastąpić w przerwie między dwoma artystami, którzy akurat w ten dzień grali w klubie. Tak też zrobiłem. Zaparkowałem swój samochód niedaleko wejścia do klubu i otworzyłem drzwi. W środku unosił się dla mnie duszący dym od papierosów. Oczy zaczęły mnie trochę szczypać, a ja

szukałem koleżanki. Na scenie była grana ciężka muzyka. Ludzie tań-
czyli, pokazując przy niej różne symbole złożone z palców. Znalazłem
ją. Przywitałem się. Po chwili usłyszałem od jej partnera słowa: Witaj
w moim świecie. Było tam tak głośno, że musieliśmy wyjść na kory-
tarz, żeby mogła przekazać mi informacje. Powiedziała, że sprzedała
bardzo dużą ilość biletów na loterię, a ja mam wejść na scenę równo
o północy po wcześniejszym ogłoszeniu mnie przez prowadzącego.
Prócz biletów, trzymała jeszcze zwinięty duży kawałek papieru. Spytałem się jej, co to jest? Odpowiedziała, że jest to duży plakat, który
mam wziąć ze sobą, gdy będę wracać do domu. Plakat dotyczył kolejnej imprezy charytatywnej dla Sebastiana, która miała odbyć się 16
kwietnia w sali przy kościele w Barnsley. Podziękowałem. Zaniosłem
plakat do samochodu, aby przez przypadek się nie uszkodził. Wróciłem do zadymionej sali, czekając do północy.

Czas minął szybko. W końcu nastał ten moment. Przełknąłem ślinę. Prowadzący wywołał mnie na scenę. Muzyka ucichła. Wszedłem
po malutkich stopniach na scenę, stając koło mikrofonu. Setki ludzi
patrzyło na mnie, czekając, aż coś w końcu powiem. Po chwili prze-
mówiłem.

W pierwszej kolejności podziękowałem wszystkim za udział w loterii, tłumacząc, jak wiele to dla mnie znaczy. Po chwili krzyknąłem
z całych sił do mikrofonu: „Kto jest gotowy na loterię?!" W odpowiedzi usłyszałem pozytywne reakcje. Dostrzegłem również, że niektórzy
ludzie trzymali butelki z piwem podniesione do góry. Włożyłem rękę
do pudełka. Otwierając kawałek papieru złożonego na cztery części,
ukazał się numer 48. Krzyknąłem, że wygrał numer 48! Zapadła cisza.
Nikt się nie odezwał. Powtórzyłem jeszcze dwa razy, ale szczęśliwca
nie było na sali. Prowadzący wszedł na scenę i powiedział, że w tym
wypadku wylosuję inny numer. Tym razem padło na 54. Szczęśliwa
zwyciężczyni weszła na scenę po odbiór nagrody, a tłum zaczął kla-
skać i gwizdać. Muzyka zaczęła znowu grać, a prowadzący zapowie-
dział kolejny koncert. Po zejściu ze sceny otarłem pot z czoła. Znajoma
powiedziała, że świetnie mi poszło. Podziękowałem jej za wszystko,
ale musiałem zbierać się już do domu. Było bardzo późno, a ja musiałem wcześnie rano wstać. Dałem jej słowo, że przeliczę wszystko, co

do pensa i napiszę jej, jaka kwota została uzbierana.

Gdy wróciłem do domu, czuć było ode mnie zapach papierosów, mimo że sam ich nie paliłem. Moje ubrania przesiąkły tym zapachem, więc szybko wrzuciłem je do prania, następnie poszedłem się wykąpać. To było niesamowite przeżycie. Byłem już tak zmęczony, że nie pamiętam, kiedy zasnąłem. Obudził mnie tylko rano budzik nastawiony na 6.

Popijając poranną kawę, zastanawiałem się, jak zmotywować się do pisania książki. Niepokoił mnie również fakt, że tworząc ją, będę musiał przypomnieć sobie wszystkie dotkliwe chwile od nowa. Chciałem, aby w tej książce została oddana prawdziwa historia mojej córki, płynąca prosto z mojego serca.

Dopiłem ostatni łyk czarnej kawy i przypomniałem sobie, że w samochodzie zostawiłem plakat, który wręczyła mi znajoma. Poszedłem więc szybko po niego. Ściągając dwie niebieskie gumki recepturki, rozwinąłem go. Był naprawdę duży. Zacząłem myśleć, gdzie mógłbym go dać, ale nic nie przychodziło mi do głowy.

Zawołałem moją żonę i spytałem się, czy ma jakiś pomysł? Odparła, że tak. Zaproponowała, aby zanieść go do szkoły Sebastiana. Być może jakieś dzieci, które go znają, będą chciały przyjść na imprezę przebrane za swoje ulubione postacie.

Pomysł ten wydawał się znakomity. Nasunęło mi się jedno pytanie. Mianowicie, gdzie damy ten plakat, jeśli szkoła nie chciałaby go przyjąć? Ewa odpowiedziała, by się tym nie przejmować, tylko w pierwszej kolejności zawieść go do recepcji szkolnej i po prostu zapytać.

Poszedłem do łazienki, aby trochę się odświeżyć. Mimo że wziąłem już prysznic, cały czas czułem zapach papierosów na swojej skórze.

Wsiadłem do samochodu i pojechałem do szkoły. Młoda kobieta pracująca w recepcji otworzyła niewielkie okienko, naciskając na niewielką klamkę. Spytała, w czym może pomóc? Wszystko jej wytłumaczyłem. Plakat wzięli z przyjemnością. Wiedzieli, co spotkało Sebastiana, którego tak dobrze znali w szkole. Potwierdzili, że plakat ten zawiśnie na szkolnym korytarzu.

Podziękowałem z całego serca i wróciłem do domu. Powoli robiłem się już głodny, a od rana oprócz wypicia kawy nie zdążyłem nic zjeść.

W ten sam dzień zadzwonił telefon do Ewy. Dzwonili ze szkoły Sebastiana z propozycją. Mianowicie, szkoła zadeklarowała się, że również zrobi akcję charytatywną dla naszego syna i dnia 29 kwietnia dzieci przyjdą do szkoły przebrane za swoje ulubione postacie. Przemiła pani przez telefon powiedziała również, że zorganizują loterię, a fundusze zebrane ze sprzedanych biletów trafią na pomoc dla Sebastiana. Jedyne, czego szkoła potrzebowała, to naszej zgody.

Nad decyzją długo nie musieliśmy się zastanawiać. Bez wahania potwierdziliśmy, że szkoła ma naszą zgodę na zorganizowanie imprezy.

Byłem w szoku. Nigdy w życiu nie przypuszczałbym, że odkąd podjąłem decyzję o tym, że zrobię co w mojej mocy, aby pomóc mojemu synowi, odzew będzie tak ogromny.

Koniec więzienia

Jeśli potrafisz o czymś marzyć, to potrafisz także tego dokonać.

Walt Disney

Do szpitala jeździliśmy w każdy czwartek. Tak jak wspomniałem wcześniej, na początku do kliniki z Sebastianem chodziła moja żona. Teraz jednak ja przejąłem wszystkie obowiązki, również i ten, by chodzić z synem na badania. To był pierwszy raz, kiedy była moja kolej.

Wjechałem windą na piętro C. Idąc krętym korytarzem, dotarłem na oddział onkologii dziecięcej. Nacisnąłem domofon, po czym udałem się w stronę recepcji. Kiedy już formalności zostały dokonane, usiedliśmy w poczekalni, a ludzi zaczęło przybywać. Niektóre dzieci miały sondę w nosie. Widać było również dzieci na wózku oraz bez włosów. Po raz kolejny zdałem sobie sprawę z tego, że takie rzeczy się dzieją. Dopiero do człowieka to dociera, jak znajdzie się w takim miejscu.

Sebastian siedział koło mnie. Wtulony we mnie oglądał bajki na tablecie z połączonym darmowym internetem szpitalnym. Na początku dziecko zostało wyczytane, aby przyjść na mierzenie i ważenie, następnie miało wrócić do poczekalni i czekać na lekarza. Minęło około 30 minut. Zostaliśmy wyczytani przez lekarza i udaliśmy się do jego gabinetu. Do komputera przez onkologa było wpisywane wszystko, co mówię. Jak dziecko się czuje, jak sobie radzimy w domu i tak dalej... Lekarz mówił, że wszystkie te dane są bardzo istotne, aby jak najbardziej mogli nam pomóc. Na podstawie wyników krwi, dostosowywane były dawki leków.

Kiedy już skończyliśmy konsultację, udaliśmy się po raz kolejny do poczekalni. Tym razem mieliśmy czekać na pielęgniarkę, która miała podać chemię do portu. W międzyczasie podszedł do nas pewien pan z teczką pełną różnych dokumentów. Przedstawił się. Powiedział, że jest tutaj po to, by pomóc rodzinom we wszystkich formalnościach związanych z zasiłkami. Była to jego specjalizacja. Zadzwoniłem do Ewy, mówiąc o propozycji. Mając tak wiele na głowie, skorzystaliśmy również z tej pomocy. Umówiliśmy się w ten sposób, że przyjedzie on do nas do domu, i we wszystkim nam pomoże. Wszystkie urzędowe papierki to była dla nas zupełnie czarna magia.

Z kliniki wyszliśmy po około 3 godzinach. Udaliśmy się prosto do samochodu, aby poczekać na Ewę oraz Natalię, gdy wrócą z miasta. Była to już końcówka izolacji. Z jednej strony cieszyliśmy się, że się kończy, z drugiej zaś obawialiśmy się tego, jak dziecko odnajdzie się z powrotem w świecie, w którym funkcjonował na co dzień przed chorobą. Prowadząc auto w drodze do domu, te myśli nie dawały mi spokoju. Po raz kolejny wszyscy pasażerowie w samochodzie zasnęli po intensywnym dniu, a ja bezpiecznie dojechałem do punktu docelowego.

Wizyta domowa miała odbyć się w poniedziałek, więc przed nami były jeszcze 3 dni. Izolacja miała skończyć się w niedzielę. Wtedy, korzystając z ładnej pogody, jaką zapowiadali, chcieliśmy, by nasz synek wyszedł, chociaż na jedną godzinkę przed dom, aby zaczerpnąć świeżego powietrza.

Kolejne dni minęły bardzo podobnie do poprzednich, aż w końcu przyszedł ten moment, na który tak długo czekaliśmy. Obudziliśmy się w niedzielę rano. Pierwsze, co zrobiłem, to spojrzałem w telefon, jaką pogodę zapowiadają w godzinach popołudniowych. Przewidywano bezchmurne niebo i słońce, aczkolwiek temperatura miała być w okolicach 10 stopni.

Ranek zleciał bardzo szybko. Po obiedzie wystawiliśmy nasze krzesła ogrodowe przed dom. Sebastian wziął hulajnogę i bardzo się ucieszył z faktu, że mógł w końcu wyjść z domu. Nastał koniec więzienia! Przez moment zastanawiałem się, co było gorsze, 6-tygodniowa izolacja syna, czy sterydy, które dostawał? Ciężko było znaleźć na to odpowiedź. Miałem nadzieję, że teraz każdy kolejny dzień będzie coraz lepszy, że zwalczymy tę cholerną białaczkę najszybciej, jak to możliwe!

Siedzieliśmy tak przed domem i cieszyliśmy się każdą minutą, patrząc na uśmiech Sebastiana. Natalka również była z nami. Siedziała na macie, rysując różnymi kolorami kredy bohomazy po asfalcie. W pierwszy dzień nie chcieliśmy przesadzać, więc tak jak planowaliśmy, po godzinie wróciliśmy do domu. Usiadłem z synem przy konsoli, a Ewa zajęła się małą i jej ćwiczeniami związanymi z rehabilitacją.

Nastał poniedziałek. Osoba, którą poznałem w klinice, miała niedługo przyjechać. Czekając, wypiłem sypaną kawę, po czym usłyszałem dźwięk parkującego samochodu. Kiedy już nasz gość wszedł do domu, usiedliśmy w kuchni, a z teczki został wyciągnięty bardzo duży plik papierów. Nie jestem sobie w stanie przypomnieć, ile dokumentów musieliśmy przedstawić, wpisując wszystko w formularzu. Trwało to dość długo. W końcu udało się wypełnić wszystkie strony. Kolejnym etapem było to, by wysłać je do urzędu i czekać na odpowiedź.

W międzyczasie została nam przedstawiona oferta wycieczki. Okazało się, że w Walii wynajmują domek dla rodzin, u których dzieci zdiagnozowano nowotwór. Wszystko miało być opłacone przez fundację, a naszym jedynym kosztem był tylko dojazd tam. Tej oferty na razie nie wypisywaliśmy. Wzięliśmy papiery. Chcieliśmy zapoznać się z ofertą na spokojnie. Na dziś i tak już wystarczyło machania długopisem. Sterta dokumentów była oszałamiająca. W kwestiach wypełniania papierków do urzędu byliśmy bardzo słabi. Nie była to w ogóle nasza bajka. Całe szczęście znalazła się taka osoba, która pomogła nam to wypełnić. Zadeklarował również, że przy przyszłych dokumentach również możemy na niego liczyć. Podziękowaliśmy bardzo serdecznie za pomoc. Gdy wyjeżdżał w drogę powrotną, Sebastian patrzył przez okno, a słońce zaczęło już zachodzić.

Ja oraz moja żona byliśmy zarówno zmęczeni, jak i zadowoleni, że wszystko zaczęło iść w dobrym kierunku. Dziś jednak najważniejsze było to, że izolacja Sebastiana już się skończyła. Mogliśmy spokojnie zacząć planować jego powrót do życia społecznego.

Obawialiśmy się trochę, jak synek zaadaptuje się w szkole po tak długiej przerwie. Bardzo chciał już wrócić do swoich rówieśników. Nie pozostało nam nic innego, jak tylko czekać, kiedy będzie to możliwe. Co prawda, izolacja mu się skończyła, ale do szkoły mógł wrócić dopiero 25 kwietnia.

Kolejny dzień również spędziliśmy, przebywając przed domem. Pogoda była bardzo ładna, a na niebie nie było żadnej chmurki.

Ja wraz z córką podczas ćwiczeń rehabilitacyjnych na świeżym powietrzu przed domem

Bal przebierańców

Życie jest jak jazda na rowerze. Żeby utrzymać równowagę, musisz być w ciągłym ruchu.

Albert Einstein

Gdy zjadłem obfite śniadanie, znalazłem chwilę czasu, aby móc napisać wszystkim podziękowania za wpłacone datki na organizowaną przeze mnie zbiórkę. Było tego bardzo dużo. Wszystko dokładnie przeglądałem, aby przypadkiem kogoś nie pominąć. Fundusze wpływały prawie codziennie, a zbiórka zbliżała się do limitu, który ustawiłem. Dzięki tym pieniądzom mogłem wraz z żoną spokojnie skupić się na leczeniu naszego syna. Wszystkie środki były bieżąco przeznaczane na dojazdy do szpitala, artykuły do higieny (ponieważ Sebastian szybko się pocił), ubranka, których nie nadążaliśmy prać, i mógłbym tak dalej wymieniać. Jedno było pewne. Bez pomocy ludzi o dobrych sercach bardzo ciężko byłoby mi zmierzyć się z chorobą syna.

Z dnia na dzień stawałem się innym człowiekiem. Moja pewność siebie rosła bardzo szybko, a sprawy, które kiedyś były dla mnie stresujące i nieosiągalne, stały się błahostką.

Zbliżał się dzień imprezy charytatywnej. Sebastian miał do wyboru parę różnych strojów, w które mógłby się przebrać. Nie wiedział, na jaki się zdecydować. Wraz z Ewą pomogliśmy mu w wyborze. Ostatecznie nasz syn zdecydował, że przebierze się za Supermana. Niebieski strój z czerwoną peleryną idealnie mu pasował. Sebastian spytał się nas, czy na bal przyjdą jego koledzy ze szkoły. Nie byliśmy w stanie odpowiedzieć na to pytanie. Powiedziałem mu, kucając przy nim, że zobaczymy, ale wydaje mi się, że ktoś na pewno przyjdzie. Tak podpowiadała mi moja intuicja.

Dla Natalii stroju nie mieliśmy. Alternatywnym wyjściem było to, że na imprezie potwierdzona została malarka. Specjalizowała się w robieniu malunków na twarzach dla dzieci. Dlatego stwierdziliśmy, że gdy będziemy już na miejscu, to poprosimy artystkę, aby namalowała Natalce biedronki, ponieważ bardzo je lubi.

Napisałem wiadomość do koleżanki, która była jedną z organizatorów imprezy. Uzgodniliśmy, na którą godzinę mamy przyjechać. Mieliśmy być szybciej, aby móc wszystko przygotować, zanim pojawią się goście. Wyszykowaliśmy dzieci i ruszyliśmy w trasę.

Gdy byliśmy już niedaleko, moja nawigacja zawiodła. Pokazywała zupełnie inne miejsce. Po chwili znalazłem miejsce parkingowe, aby móc zadzwonić do znajomej i spytać się, jak mam dojechać pod dany adres. Całe szczęście po tylu latach spędzonych w Wielkiej Brytanii mój angielski był na tyle dobry, że bez problemu dogadałem się w obcym języku. Trafiliśmy. Zaparkowaliśmy auto na malutkim parkingu koło kościoła. Koleżanki jeszcze nie było, ale lada moment miała dojechać na miejsce.

Weszliśmy do środka, rozglądając się dookoła, jak duża była sala. Po chwili przywitał nas przesympatyczny pan, który był jednym z organizatorów. Pokazał, gdzie znajduje się kuchnia, oraz wskazał nam składzik, z którego mieliśmy wyciągnąć składane krzesła. Zanim jednak zabrałem się za wyciąganie krzeseł, przyniosłem z samochodu Natalii chodzik, aby mogła spacerować sobie po parkiecie.

Przygotowania trwały. Złączyliśmy cztery stoły, aby móc wystawić nagrody z loterii. Jedzenia było tak dużo, że byliśmy pewni, że wystarczy dla wszystkich. Cały czas nie mogłem uwierzyć, że po raz kolejny znalazłem się w miejscu, w którym nigdy nie przypuszczałem, że będę. Odkąd podjąłem decyzję o tym, by pomóc mojej rodzinie najlepiej, jak potrafię, otworzyły się przede mną furtki nowych możliwości.

Wybiła godzina 14. Goście powoli zaczęli przychodzić, witając się z nami. Większość pytała, jak się czuje Sebastian, i życzyła mu szybkiego powrotu do zdrowia.

Muzyka leciała z dwóch dużych głośników. Dzieci biegały po całej sali, wygłupiając się. Dorośli podzielili się na mniejsze grupy. Dyskutowali na interesujące ich tematy. Sebastian wraz z Ewą usiedli do stołu, następnie zaczęli sprzedawać losy na loterię. Dzieci co chwilę podchodziły do stoiska, przyglądając się nagrodom. Do wygrania były różnego rodzaju książki, piórniki, kredki, pisaki i wiele innych ciekawych nagród. Za każdym razem, gdy dziecko wrzuciło pieniążek do naszej skarbonki, Sebastian losował numer ze srebrnego garnka, do którego wrzucane były losy. Ja w tym czasie pilnowałem Natalki. Ze względu na to, że była ona w chodziku, była bardziej narażona, że któreś dziecko może jej nie zauważyć i na nią wpaść.

Inni gospodarze imprezy przynosili ciasto oraz inne słodkości. Obok stanowiska z napojami została otwarta druga loteria. Tym razem była ona skierowana dla osób dorosłych, w której główną nagrodą była duża butelka wina.

Cały bal miał skończyć się o godzinie 16. Czas mijał bardzo szybko. Ludzie powoli zaczęli się rozchodzić.

Ja sam byłem już bardzo zmęczony. Mając tak dużo obowiązków, nie wysypiałem się. Mimo że piłem parę kaw dziennie, dalej czułem, że zaczyna brakować mi sił. Zacząłem się zastanawiać, jak mogę sobie z tym poradzić, lecz nic nie przychodziło mi do głowy. Dzieci w nocy często budziły się, co wytrąciło mnie z rytmu snu.

Kiedy zostało raptem parę osób na sali przed zakończeniem wydarzenia, zaczęliśmy powoli sprzątać. Byłem zadowolony z efektu, jaki przyniosła dana uroczystość. Powiedziałem znajomej, która była organizatorką, że zebrane pieniądze przeliczę w domu jak najszybciej i dam jej znać, jaką kwotę udało się uzbierać.

Wziąłem Sebastiana na ręce, a on zasnął mi w ramionach. Leki, które brał, bardzo go osłabiały.

Nastał czas na nasz powrót do domu. Z całego serca podziękowaliśmy wszystkim organizatorom za stworzenie tak wspaniałej imprezy charytatywnej. Gościom, którzy opuszczali salę, dziękowałem osobiście za przybycie.

Wyjeżdżając spod kościelnego parkingu, wraz z Ewą pomachaliśmy wszystkim na pożegnanie.

Powrót do szkoły

Kiedy masz ciężki czas w życiu, doświadczasz wielkich trudów i zastanawiasz się, gdzie jest Bóg, pamiętaj, że nauczyciel jest zawsze cicho, kiedy uczeń podchodzi do testu.

Keanu Reeves

Dni mijały, aż nastał w końcu ten długo wyczekiwany. Sebastian po bardzo długiej przerwie mógł wrócić do szkoły. Wyciągnąłem więc z jego czarnej komody szkolny mundurek: ciemnoszare spodnie wraz z czerwoną bluzą, pod którą skrywała się elegancka biała koszula. Czerwono-szary krawat również prezentował się idealnie. Kiedy zapinałem pierwszy guzik jego koszuli, dostrzegłem uśmiech na jego twarzy. Był bardzo szczęśliwy, że może iść do rówieśników, nawet na tę parę godzin, które zostały ustalone w planie szkolnym. Z tygodnia na tydzień godziny przebywania dziecka w szkole miały się zwiększać, a Sebastian miał być obserwowany, jak sobie radzi.

Wsiadłem do samochodu i czekałem na syna, który dawał buziaka Ewie na pożegnanie. Przez uchylone okno usłyszałem, jak moja żona powiedziała mu, że ma się nie martwić i wszystko będzie dobrze. Sebastian z radosną miną wsiadł do samochodu. Gdy ruszyłem, pomachał mamie, a ona odwdzięczyła się tym samym gestem.

Do rozpoczęcia lekcji zostało jeszcze 20 minut. Zawsze przyjeżdżałem szybciej na niewielki parking znajdujący się za przystankiem autobusowym. Gdybym przyjechał 10 minut później, byłby już cały zapełniony. Nie lubię się spóźniać, szczególnie w tak ważnej dla syna sprawie. Dlatego, korzystając z ładnej pogody, podeszliśmy pod zieloną szkolną bramę. Musieliśmy zaczekać, aż pani woźna otworzy ją i będziemy mogli wejść na teren szkoły. Nie trwało to długo. Brama została otworzona, a Sebastian zaczął rozglądać się powoli za kolegami i koleżankami z klasy. Rozpoznał parę twarzy. Dzieci podchodziły do niego, witając go z powrotem. Zadzwonił dzwonek. Wszyscy uczniowie ustawili się w rzędzie, czekając na nauczyciela.

Pożegnałem się z Sebastianem, przybijając mu piątkę. Powiedziałem, że niedługo go odbiorę w recepcji. Wróciłem do domu i opowiedziałem Ewie, jak nasz syn został przywitany przez swoich rówieśników.

Zdrzemnąłem się. Obudziła mnie Ewa, mówiąc, że czas już jechać i odebrać Sebastiana ze szkoły. Zaspany spojrzałem na zegarek. Nie dowierzałem, jak szybko minął mi ten czas. Najwyraźniej byłem na tyle zmęczony, że przespałem te parę godzin.

Odbierając Sebastiana ze szkoły, widziałem uśmiech na jego twarzy. Powiedział mi, że chciałby zostać dłużej na zajęciach. Odpowiedziałem, że z czasem będzie to możliwe, ale trzeba jeszcze troszeczkę poczekać. Wróciliśmy do domu. Sebastian po przywitaniu się z mamą oraz siostrą usiadł na kanapie i włączył sobie swoją ulubioną grę na konsoli Crash Bandicoot.

Ja zaś udałem się do kuchni. Musiałem sprawdzać na bieżąco stan leków, które Sebastian przyjmował. Ich dawki różniły się zależnie od wyników krwi, które były przeprowadzane co tydzień. Podstawowymi lekami, jakie syn przyjmował, były Mercaptopurine, Methotrexate, Co-trimoxazole. Kiedy Sebastian zaczynał nowy cykl leczenia, przyjmował również sterydy przez 5 dni. Wtedy musieliśmy bardzo uważnie go obserwować, ponieważ po nich stawał się agresywny. Serce mi pękało za każdym razem, jak widziałem go wściekłego. Ja byłem bezradny, nie mogłem zrobić nic. Gdyby agresja się nasiliła, lekarze powiedzieli, że trzeba przyjechać do kliniki. Mało tego. Rękę trzymaliśmy z żoną cały czas na pulsie. Wystarczyła gorączka 38 stopni lub więcej, by wylądować na oddziale.

Całe szczęście do tej pory się to nie zdarzyło. Mieliśmy jednak świadomość, że prędzej czy później może do takiej sytuacji dojść. Po drodze trzeba było pamiętać o wszystkich dodatkowych zabezpieczeniach w razie nagłego wyjazdu do kliniki jak na przykład zatankowany samochód czy leżąca w szafie spakowana torba do szpitala.

Dzień powoli dobiegał końca. Czas leciał bardzo szybko, a ja zastanawiałem się, co dalej. Cały czas czekałem na odpowiedź z urzędu odnośnie do przyznania synkowi najwyższej grupy inwalidzkiej. Niestety, sprawy urzędowe trwają bardzo długo. Szczególnie, jak odrzucą twój wniosek i musisz się odwoływać. Co nie raz już nam się zdarzało, podczas aplikowania o grupę inwalidzką dla Natalki.

Tym razem jednak wszystkie papiery były wypełnione przez specjalistę, więc istniała bardzo duża szansa, że wniosek zostanie zatwierdzony za pierwszym razem.

Nastał piątek 29 kwietnia. W ten dzień miała odbyć się kolejna impreza charytatywna. Tym razem w szkole, do której uczęszczał Sebastian.

Dzień wcześniej pojechałem z synem na chemioterapię do Leeds. Taki zabieg spowodował u dziecka bardzo duże zmęczenie. Nie wiedzieliśmy, czy pozwolić mu iść na bal, czy tylko wziąć go do szkoły wtedy, kiedy będzie losowanie nagród. Loteria miała odbyć się godzinę przed końcem zajęć lekcyjnych na dużej, sportowej hali.

Porozmawialiśmy z synem. Przecierając oczy ze zmęczenia, powiedział, że chce iść do szkoły oraz na rozdanie nagród. Dodał również, że znów chce się przebrać za postać supermana.

Wraz z Ewą ustaliłem, że w razie konieczności odbiorę go szybciej ze szkoły.

Dzień w szkole minął Sebastianowi bardzo dobrze. Gdy go odbierałem, był rozczarowany, że nie może zostać dłużej. Niestety, powrót syna do szkoły był zaplanowany stopniowo. Jedynym pocieszeniem dla niego był fakt, że dziś tu jeszcze wrócimy i obejrzymy rozdanie nagród. Główną nagrodą był rower górski.

Wróciliśmy do domu. Pogoda za oknem była bardzo ładna. Świeciło pełne słońce, a na niebie nie było żadnej chmury.

Usiedliśmy wszyscy do stołu, aby zjeść obiad. Sebastian co chwilę spoglądał na zegar. Nie mógł doczekać się chwili, w której pojedziemy do szkoły po raz drugi. Był strasznie niecierpliwy. Nawet od powrotu ze szkoły nie chciał się przebrać, tylko cały czas chciał mieć ubrany strój supermana.

W końcu doczekał się. Nie zdążyłem ubrać butów, a Sebastian stał już przy samochodzie. Ubraliśmy Natalkę i pojechaliśmy do szkoły. W sportowej hali usiedliśmy w tylnym rzędzie. Nie spodziewaliśmy się, że 30 minut przed rozpoczęciem będzie już aż tylu rodziców. Szkoła bardzo się postarała w organizacji. Widać było na scenie bardzo dużą ilość nagród, mikrofon oraz telebim. Oprócz głównej nagrody moją uwagę przykuł stojący po lewej stronie ogromny, różowy miś. Był naprawdę śmieszny. Zastanawiałem się, jak zwycięzca zabierze go do domu? Wszyscy czekali, aż zacznie się wydarzenie. Po chwili do mikrofonu podeszła pani pracująca w szkole i przedstawiła się. Przyniosła ze sobą również pudełko, w którym znajdowały się losy. Rozglądając się dookoła, zobaczyłem, że prawie wszyscy zgromadzeni na sali trzymali już swoje kupony w rękach i z niecierpliwością czekali na wyczytanie właśnie ich numerów.

Zaczęło się losowanie. Najpierw zostały rozdane mniejsze nagrody, a pod koniec te największe. Została tylko główna nagroda. Tłum patrzył na kawałek papieru złożony na 4 części. Numer został wyczytany. Szczęśliwy zwycięzca odebrał rower. Wszyscy dookoła zaczęli bić brawo, nie tylko dla osoby, która wygrała, ale również dla szkoły za zorganizowanie tak wspaniałego wydarzenia.

Wzruszyłem się. Przez szkliste oczy po raz kolejny zrozumiałem, że moja determinacja daje bardzo dobre rezultaty. Byłem dumny z tego, że działam najlepiej, jak potrafię. Nie poddaję się w sytuacjach, gdy są rzucane mi kłody pod nogi. Walczę, mimo wszystko!

Przez jedną z nauczycielek zostaliśmy poproszeni, abyśmy zostali, jak wszyscy już opuszczą halę. Reprezentanci szkoły powiedzieli nam, że policzą zebrane pieniądze i poinformują szkołę, jaka kwota została uzbierana. Cała zbiórka miała zostać rozdzielona. Część funduszy zostanie wpłacona na moje konto fundacji, druga zaś na szpital, w którym leczy się Sebastian.

Całą rodziną podziękowaliśmy za tak wspaniały gest.

Zlot skuterów

Sekretem udanego życia jest dowiedzieć się, jakie jest twoje przeznaczenie, a następnie je realizować.

Henry Ford

Przyszedł maj. Promienie słońca rozjaśniły nasz domowy salon, a ja udałem się do kuchni, aby przygotować śniadanie. W pierwszej kolejności odruchowo sięgnąłem po czajnik i wstawiłem wodę na kawę. Przekręcając kurek z gazem, rozmyślałem, jaka będzie przyszłość naszej rodziny. Chorobowe w pracy mogłem wziąć maksymalnie do 10 sierpnia. Wtedy miałem się określić, czy wracam do pracy, czy nie. Odpowiedzi z urzędu nie dostaliśmy jeszcze żadnej odnośnie do zasiłku dla Sebastiana. Czas nas gonił, a stres z tym związany zaczął się u mnie nasilać.

Pisanie książki o historii Natalii szło opornie. Po pierwsze z braku czasu. Po drugie, bardzo ciężko było wracać myślami do tamtych wydarzeń. Wiedziałem jednak, że jej historia jest wartościowa i warta opublikowania. Pomoże ona rodzicom w podobnej sytuacji, w której my byliśmy, podejmować właściwe decyzje. Jednym z najtrudniejszych dla mnie etapów tworzenia nie było pisanie tekstu, ale przeglądanie zdjęć archiwalnych. Patrząc na nie, czułem się tak, jakbym był tam w danym momencie.

Mieszkaliśmy w spokojnej dzielnicy. Pewnego dnia, gdy Sebastian bawił się na dworze z kolegami, podszedł do mnie sąsiad. Spytał się, czy chciałbym, aby zorganizował zlot skuterów. Większość osób z klubu skuterowego przyjechałaby na swoich maszynach właśnie tutaj, pod nasz dom. Chciał również, aby zebrane pieniądze podczas tego zlotu trafiły na pomoc dla Sebastiana.

Byłem zaskoczony i nie wiedziałem, co mam odpowiedzieć. Po raz kolejny na mojej drodze pokazali się ludzie o dobrym sercu. Takie chwile były dla mnie naprawdę budujące. Cieszyłem się z tego, że wysiłek, jaki wkładamy wraz z żoną, by jak najbardziej pomóc naszym dzieciom, przynosi tak pozytywne rezultaty.

Zgodziłem się. Mocnym uściskiem dłoni podziękowałem za pomoc. Wspólnie ustaliliśmy datę na 12 maja w godzinach popołudniowych.

Kiedy syn skończył bawić się na dworze ze znajomymi, wróciliśmy do domu. Natalka miała akurat w tym czasie zajęcia rehabilitacyjne. Oczywiście po ich skończeniu również miała wyjść przed dom się pobawić. Spytałem się Ewy, czy mam jej w jakiś sposób pomóc podczas ćwiczeń z córką. Podziękowała, ale wolała, żebym sprawdził stan leków oraz strzykawek. Jeśli czegoś było już mało, miałem zanotować w zeszycie, następnie będąc w czwartek w klinice na onkologii, poprosić o potrzebne rzeczy. W domu najszybciej zaczynało brakować strzykawek o różnej pojemności oraz niebieskich, jednorazowych rękawiczek. Spojrzałem do pudełka. Strzykawek nie zostało zbyt wiele. Paczka rękawiczek stała obok. Ich zapas powinien starczyć na jeszcze co najmniej 2 tygodnie. Zapisałem w notesie wszystko, co było do wzięcia z kliniki.

Sebastian w dalszym ciągu był na intensywnym leczeniu, które miało zakończyć się po 6 miesiącach. Byliśmy mniej więcej w połowie tego okresu. Lekarze zapewniali nas, że jak ten czas minie, to do szpitala będziemy jeździli rzadziej. Nie będzie już konieczności cotygodniowych wizyt. Zdecydowanie, intensywne leczenie to najgorszy etap walki z rakiem. Byłem z Ewą cierpliwy. Wiedziałem, że czas i tak upłynie. W tym jednak momencie bardziej skupiłem swoją uwagę na tym, by pomóc mojej rodzinie najlepiej, jak potrafię.

Kiedy siedziałem zamyślony w kuchni, podszedł do mnie Sebastian. Spytał się, czy nie pójdę się z nim pobawić na górę do jego pokoju. Bawić przed domem już się nie chciał. Najwidoczniej był na tyle zmęczony, że wolał być w domu. Odparłem, że tak, tylko najpierw muszę mamie pomóc ubrać Natalkę. Córka skończyła ćwiczyć. Również chciała iść na świeże powietrze. Kiedy ubierałem buciki Natalce, Sebastian ciągnął mnie za koszulkę, prosząc, żebym już szedł się z nim bawić. Nie mogłem go winić za takie zachowanie. Ewidentnie był to skutek uboczny leków, które brał. Wcześniej takie zachowanie u niego nie występowało. Szczególnie stosowane sterydy co jakiś czas pokazywały, jak bardzo potrafią komuś zmienić charakter. Minęła krótka chwila. Natalia poszła z mamą przed dom. Ja zaś na górę do Sebastiana pokoju.

Następnego dnia dostałem informację, że najprawdopodobniej na zlot skuterów, który odbyć miał się już jutro, przyjedzie około 50 osób.

Poinformowałem wszystkich sąsiadów, że jutro organizujemy taką akcję charytatywną. Dodałem również, że może być dość głośno i z góry za to przeprosiłem.

Sebastian nie mógł już się doczekać. Jeszcze nigdy w życiu nie widział tylu skuterów w jednym miejscu! Był bardzo podekscytowany. Z jego pokoju był widok na osiedlową ulicę. To właśnie tam miały jutro zaparkować wspomniane maszyny.

Zostałem wyrwany ze snu. Tym razem nie przez budzik. Sebastian stał koło mnie i szturchał mnie w ramię. Przez zaspane oczy zapytałem go, o co chodzi? Dlaczego wstał tak wcześnie? W odpowiedzi usłyszałem, że nie może się doczekać, aż przyjadą skutery na nasze osiedle. Spojrzałem za okno. Słońce dopiero wschodziło, a zegarek pokazywał godzinę 5. Wstałem z łóżka, po czym przytuliłem syna bardzo mocno. Również cieszyłem się z jego szczęścia. Z tego, że mimo choroby potrafi dalej cieszyć się życiem.

Udałem się do kuchni, by przygotować dla niego śniadanie. Mimo wczesnej godziny był bardzo głodny.

W ten dzień, prócz wydarzenia, mieliśmy jeszcze wizytę na onkologii. W kalendarzu miałem wpisaną godzinę spotkania na 10. Po zjedzeniu przepysznych, sadzonych jajek z bekonem, poszliśmy do salonu, aby pograć na konsoli. Natalia wraz z Ewą jeszcze spały. Nie chcieliśmy ich budzić, więc przymknęliśmy drzwi od salonu. Sebastian uwielbiał ze mną grać. Do pociągu mieliśmy jeszcze godzinę. Graliśmy w wyścigi samochodowe. Sebastian wygrał, śmiejąc się, że ograł tatę po raz kolejny. Uśmiech z jego twarzy nie znikał. Czas minął bardzo szybko. Wyłączyliśmy konsolę i udaliśmy się na pociąg.

Zawsze, gdy byliśmy już bardzo blisko wejścia na niewielką stację kolejową w naszym miasteczku, czytałem tablicę informacyjną. Na wyświetlaczu pokazywał się rozkład danego pociągu. Całe szczęście, nasz był o czasie. Podróżując tymi liniami, pociągi niejednokrotnie spóźniały się. Niestety, ale prócz samochodu, było to dla nas jedyne bezpośrednie połączenie pomiędzy naszym miasteczkiem a Leeds.

Z kliniki wyszliśmy dość szybko. Sebastian dostał kolejną dawkę chemii. Wzięliśmy niezbędne leki oraz akcesoria, takie jak strzykawki bądź rękawiczki jednorazowe, po czym udaliśmy się w drogę powrotną do domu.

Zjedliśmy obiad. Do zlotu skuterów zostało jeszcze parę godzin. Ponieważ pogoda była bardzo ładna, wyszliśmy przed dom. Sebastian wziął z sobą piłkę. Natalię zaś daliśmy w chodzik, by mogła ćwiczyć na świeżym powietrzu. Również wzięła z sobą piłkę, lecz trzy razy mniejszą.

Kopiąc z synem piłkę, dostałem wiadomość. Było napisane, że wszyscy są już w drodze i lada moment powinni już być. Zaniosłem piłkę do domu. Stanąłem z Sebastianem w bezpiecznym miejscu, a Ewa poszła z Natalią do domu. Spodziewaliśmy się dużego hałasu, a Natalia nie miała nauszników. Bała się wysokich dźwięków. Wystarczył pociąg pospieszny przejeżdżający tylko przez naszą stację kolejową, aby zaczęła płakać.

Czekaliśmy. Większość znajomych, którzy mieszkali obok nas, również wyszło przed dom. Sebastian trzymał się blisko mnie, a w oddali słychać było warkoty silników.

Dźwięk ten zaczął nasilać się z każdą sekundą. Nagle zza zakrętu zaczęły zjeżdżać się skutery. Było ich tak dużo, że nie byłem w stanie ich wszystkich policzyć! Właściciele klasycznych maszyn zaparkowali, gdzie tylko znaleźli kawałek wolnej przestrzeni. Do skuterów podoczepiane były różne symbole, flagi bądź dodatkowe reflektory. Większość osób, które przyjechały, miały ubrane klubowe kurtki z różnymi naszywkami. Dzieci chodziły od skutera do skutera, oglądając i podziwiając.

Nagle do Sebastiana podszedł sąsiad, czyli organizator całej akcji. Wręczył mu prezenty oraz model do postawienia na biurku. Był to stary, niebieski włoski skuter. Z przodu miał namalowaną flagę Włoch z napisem ROMA. Posiadał również skrętną kierownicę, aby można było go wyeksponować w dowolnej pozycji. Po chwili podszedł jeden pan i spytał się syna, czy nie chciałby usiąść na jego skuterze. Sebastian z początku miał lekkie obawy. Po chwili udało nam się go jednak namówić. Pomogliśmy mu usiąść na czerwonej maszynie. Właściciel włączył silnik, następnie pod pełną kontrolą zaczął przekręcać manetkę w górę i w dół czego efektem był głośny dźwięk z rury wydechowej. W powietrzu było czuć zapach spalin. Cały zlot trwał nie dłużej niż 20 minut. Ciężko byłoby mi dziękować każdemu z osobna. Do tego dźwięk odpalanych skuterów również mi to uniemożliwiał. Podziękowałem więc organizatorowi za wszystko. Obiecałem, że przeliczę zawartość koperty jeszcze dziś i dam mu znać, jaka kwota została uzbierana.

Model maszyny, który jest z nami do dziś

Wszyscy odjechali, zostawiając za sobą chmurę dymu. Siedząc wieczorem na kanapie po dniu pełnym wrażeń, razem z Ewą otworzyliśmy zaklejoną przezroczystą taśmą kopertę. Wyjęliśmy banknoty, a monety położyliśmy obok na stole. Wszystko dokładnie przeliczyliśmy. Byliśmy zaskoczeni, ponieważ łącznie uzbieraliśmy ponad 100 funtów! Informację o zebranej kwocie od razu przekazałem organizatorom, pisząc wiadomość z podziękowaniami.

Znowu razem, synu

Jeden ojciec znaczy więcej niż stu nauczycieli.

George Herbert

Leżąc rano w łóżku, patrzyłem w sufit. Nie mogłem przestać myśleć o tym, dlaczego nasze życie potoczyło się w ten sposób? W głowie rodziło się wiele pytań, na które nie znałem odpowiedzi. Dlaczego historia Natalii jest jedną wielką zagadką, która nie ma logicznego wyjaśnienia? Dlaczego Sebastian zachorował? Mógłbym tak dalej leżeć i myśleć, ale była już najwyższa pora, aby wstać.

Za parę dni Ewa wraz z Natalią miały polecieć do Polski. Musiały pozałatwiać pewne sprawy oraz odwiedzić rodzinę, której tak dawno nie widziała.

Natalia nigdy wcześniej nie leciała samolotem. Sam byłem ciekaw, jak dziecko zniesie lot. Sebastian, kiedy był w podobnym wieku do swojej siostry, w samolocie po prostu przespał podróż. Loty z Leeds do Gdańska cechowały się tym, że zawsze były w godzinach wieczornych. Istniało więc duże prawdopodobieństwo, że dziecko podczas podróży pójdzie spać. Natalię parę dni przed wylotem czekała jeszcze jedna podróż. Był to szpital, w którym wcześniej leżała. Co prawda inny oddział, ale jednak. Powodem wizyty miał być zabieg. Zostać miała usunięta rurka od gastrostomii na malutki guziczek. Od momentu operacji, dziecko cały czas miało dość długi, wiszący kabelek do podawania pokarmu. Kiedy już Natalia urosła, zdecydowaliśmy się na zamianę. Taki guzik ułatwi dziecku funkcjonowanie. Szczególnie że mała już raczkowała, a wiszący kabelek jej w tym przeszkadzał. Potrafiła na czworaka w domu sama wejść po schodach na górę. Było jej wszędzie pełno, dlatego taki zabieg był po prostu konieczny. Nie chciałem, by moja żona jechała z nią do szpitala. Powiedziałem, że ja pojadę i załatwię sprawę. Będę przy niej cały czas, aż do momentu zaśnięcia. Dziecko miało iść pod ogólne znieczulenie. Inaczej zabieg byłby niemożliwy.

Gdy przyszedł dzień operacji, wsadziłem Natalię do wózka i udaliśmy się w stronę stacji. Tym razem postarałem się tak wymierzyć czas, aby być na styk, zanim odjedzie pociąg. Wiedziałem, że Natalia nie lubi głośnych dźwięków. Chciałem więc oszczędzić jej pędzących pociągów pospiesznych, które mijały naszą stację kolejową.

Dojechaliśmy na miejsce. Wejście do szpitala było z drugiej strony, niż to, przez które wchodzimy z Sebastianem. Miejsce przed wejściem do placówki było mi bardzo znane. Dostrzegłem obok ławkę. Była to ta sama ławka, na której siedzieliśmy całą rodziną, kiedy Natalia mogła wyjść po raz pierwszy za mury szpitala. Spojrzałem na córkę. Wpatrywała się w tę ławkę tak mocno, jakby pamiętała, że tu była. Po chwili uniosła głowę do góry i zaczęła spoglądać na koronę tego samego drzewa, które widziała jako pierwszą rzecz poza szpitalem parę lat temu. Zamilkła. Wpatrywała się dalej, a różnokolorowe liście powiewały na lekkim wietrze. Wszystko wyglądało tak samo, jak kiedyś. Nie chciałem tu dłużej zostać. To miejsce wywoływało we mnie mieszane uczucia. Z jednej strony szczęście, ponieważ wyszliśmy wtedy po raz pierwszy z Natalią na dwór. Z drugiej zaś strony smutek, że byliśmy w tym miejscu i walczyliśmy o życie córki.

Ruszyłem w stronę wejścia do placówki. Przed drzwiami widziałem ludzi w różnym wieku w szpitalnym ubraniu, dopalających swoje papierosy. Niektórzy z nich siedzieli na wózkach, inni zaś trzymali jedną ręką stojak z podłączoną kroplówką. Nie mi to było oceniać. Nie jestem palaczem. Ciężko mi sobie wyobrazić, jak silny to musi być nałóg.

Weszliśmy do środka szpitala. Windą wjechaliśmy na górne piętro, następnie udaliśmy się do recepcji. Po rejestracji mieliśmy usiąść i czekać na wezwanie przez lekarza. Poczekalnia była pełna rodzin. Niektóre dzieci biegały po całej sali, inne siedziały przy stoliku i kolorowały różne obrazki. Siedziałem na krześle. Zmęczenie było u mnie tak duże, że oczy zamykały mi się do drzemki. Po chwili usłyszałem imię mojej córki. Wstałem, przecierając oczy. Zabrałem Natalię, po czym poszliśmy za asystentką lekarza.

Natalia usiadła na łóżku szpitalnym, a ja na krześle, które było obok. Mieliśmy czekać na lekarza.

Minęło około 30 minut. Po chwili zjawił się wysoki lekarz w białym fartuchu. Przywitał się, następnie poprosił mnie, abym położył dziecko na plecach i podwinął jej koszulkę do góry. Przyłożył otwartą dłoń do miejsca w okolicy gastrostomii. Zaczął powoli naciskać dłoń w dół w różnych miejscach.

Kiedy skończył wstępne badanie, zabrał rękę i obrócił swoją twarz w moją stronę. Oznajmił, że w miejscu, w którym jest aktualnie gastrostomia, coś blokuje. Dodał, że nie będzie on w stanie założyć nowego guzika w tym samym miejscu.

Zapytałem go, czy to są jakieś żarty? W odpowiedzi usłyszałem, że nie. Że po prostu stare miejsce zaszyjemy, a guzik zamontujemy obok. Kolejna blizna, tak? Stanowczo odpowiedziałem, że muszę to skonsultować z żoną, ale że gwarantuję, że Ewa na pewno się na to nie zgodzi. Po tylu przejściach wiedziałem już, że do każdej sprawy należy podejść z dystansem. Przeanalizować wszystkie za i przeciw i na tej podstawie podjąć decyzję. Wyciągnąłem telefon z kieszeni i zadzwoniłem do Ewy. Przedstawiłem jej wszystko i spytałem się tylko, czy mam iść do domu? Obydwoje nie zgadzaliśmy się na to, aby nasze dziecko było znów pokrojone w innym miejscu!

Po rozmowie z żoną nawet nie usiadłem. Lekarz czekał na moją decyzję. Odparłem, by zbadał ją jeszcze raz. Jeśli dalej będzie coś blokować i uniemożliwiać zabieg, ja wracam z córką do domu. Że nie zgadzam się z żoną na założenie guzika w innym miejscu niż w którym jest obecnie kabelek do karmienia i że podczas konsultacji było wyraźnie powiedziane, że zmiana nastąpi w tym samym miejscu.

Lekarz westchnął, ale zbadał ją jeszcze raz. Naciskał dłonią po raz kolejny. Tym razem jednak troszkę mocniej. W pewnym momencie uśmiechnął się. Spojrzałem na niego, oczekując odpowiedzi. Powiedział, że Natalia jest gotowa do zabiegu. Nie było już żadnej blokady i będą mogli wstawić guzik do karmienia w tym samym miejscu. Zadzwoniłem do Ewy. Przedstawiłem sytuację po raz kolejny. Tym razem zgodziliśmy się.

Wraz z córką oraz lekarzami zjechaliśmy windą do sali, w której miał odbyć się zabieg. Konieczne było ogólne znieczulenie, dlatego byłem przy Natalii cały czas do momentu zaśnięcia. Dałem jej całusa w policzek, zamknąłem za sobą drzwi i udałem się na szpitalną stołówkę. Byłem już bardzo głodny. Nie miałem pojęcia, jak długo to wszystko potrwa.

Gdy zjadłem, udałem się z powrotem do sali. Czekałem, aż przywiozą córkę z powrotem. Po pewnym czasie straciłem już rachubę czasu. Przestałem spoglądać na zegarek. Zdrzemnąć się też nie byłem w stanie. Powodem było głośno płaczące niemowlę jedną kotarę dalej.

Kiedy przywieźli Natalię do sali, dziecko jeszcze spało. Wytłumaczono mi, że lada moment powinna się obudzić. Zabieg został przeprowadzony zgodnie z planem. Teraz muszą córkę poobserwować, jak się czuje po narkozie. Jak wszystko będzie dobrze, to za niecałe 2 godziny powinniśmy zostać wypisani do domu.

Poinformowałem Ewę, że wszystko się udało i czekamy na wypis. Wspomniałem również, że nie wiem, o której będę w domu i aby nie czekała na mnie z kolacją.

Cały pobyt w szpitalu odbył się 17 maja, czyli 3 dni przed wylotem moich dziewczyn do Polski.

Kiedy wróciłem do domu, za oknem było już ciemno. Na szybko opowiedziałem Ewie o całym zajściu. Pokręciła tylko głową w prawo i w lewo, nie dowierzając, że znów chcieli, aby dziecko miało kolejną bliznę.

Pomogłem Ewie ubrać małą w piżamę i położyliśmy ją spać. Zajrzałem do Sebastiana. Spał. Dałem mu całusa, po czym udałem się do łazienki, aby wziąć gorącą kąpiel. Była to dla mnie chwila relaksu po ciężkim dniu.

Nastał 20 maja. Dzień, w którym wraz z Sebastianem odwieźliśmy Ewę oraz Natalię na lotnisko. Pomogliśmy zanieść wszystkie bagaże, następnie udaliśmy się do okienka, oczekując na specjalną asystę. Pocałowałem oraz przytuliłem dziewczyny na pożegnanie. Życzyliśmy im z Sebastianem bezpiecznego lotu.

Ja wraz z córką w szpitalu podczas czekania na zabieg

Wróciliśmy do samochodu, który zostawiliśmy na darmowym parkingu. Zamykając drzwi, powiedziałem do Sebastiana, że znowu jesteśmy razem, tak jak parę lat temu, kiedy leciałem z nim do Polski. Obiecałem mu, że ten czas spędzimy najlepiej, jak tylko się da.

Przekręciłem kluczyki w stacyjce. Delikatnie puszczając nogę ze sprzęgła, wyruszyłem w drogę powrotną do domu.

Festiwal super samochodów

*Aby odnieść sukces, twoje pragnienie sukcesu powinno być
większe niż strach przed porażką.*

Bill Cosby

Było to bardzo dziwne uczucie, leżąc rano samemu w łóżku. Pewien
byłem, że moje dziewczyny są pod dobrą opieką w Polsce. Taki wyjazd im się bardzo należał. Ewa nie była w domu rodzinnym, odkąd
urodziła się Natalia. Stęskniła się za rodziną tak bardzo, że jak tylko
nadarzyła się okazja, to kupiliśmy tanie bilety na samolot.

Do domu miały wrócić 8 czerwca, czyli dzień przed trzecimi uro-
dzinami Natalki.

Sebastian jeszcze spał. Popijając kawę, spojrzałem na dużą kartkę
A4 przyczepioną magnesami do lodówki. Kontrolowałem cały plan
podawania leków. Kiedy syn dostał dany lek, od razu zaznaczałem
w kółeczko na kartce, by nie pominąć, bądź co gorsza, by nie dać leku
podwójnie! Do tej ważnej czynności używałem długopisu bądź czar-
nego markera. Tabela rozpisana była na cały tydzień. Przy każdej wi-
zycie w szpitalu dostawałem nową kartkę oraz siatkę pełną leków ze
szpitalnej apteki.

Mając taką odpowiedzialność, wszystko sprawdzałem dwa razy.
Czy dawka się zgadza? Czy strzykawki zostały wyrzucone do specjalnego pojemnika? Czy mam zapas soków bez cukru, z którymi miesza-
łem dany lek? Mógłbym tak dalej wymieniać, a lista obowiązków była
bardzo długa.

Usiadłem na krześle. Wziąłem w rękę telefon i sprawdziłem, jak idą otwarte przeze mnie zbiórki. Wszystkim podziękowałem z całego serca, zostawiając komentarz pod każdym postem.

Mój limit zwolnienia lekarskiego kończył się na początku sierpnia. Czas mnie gonił. Wciąż nie miałem odpowiedzi z urzędu odnośnie do zasiłku dla Sebastiana. Osoba, która pomagała wypełnić nam wszystkie papiery, mówiła, aby się nie martwić. Powiedziała wtedy, że jeśli dziecko ma nowotwór, urząd automatycznie przypisze mu najwyższą grupę inwalidzką. Jedynym minusem był strasznie długi czas oczekiwania na list z decyzją.

W międzyczasie wraz z żoną złożyliśmy wniosek o zasiłek, który nazywał się Universal Credit. Była to nasza ostatnia deska ratunku. Wiedziałem, że fizycznie nie będę w stanie iść do pracy. Przy dwójce dzieci, która wymagała tak dużej opieki, byłem potrzebny w domu. Nawet nie chcę sobie wyobrażać, jak ciężko musiałoby być mojej żonie, gdyby była sama z dziećmi ponad 8 godzin.

Rozwiązań szukaliśmy na wiele sposobów. Nigdy w życiu nie przypuszczaliśmy, że będziemy musieli wspomagać się zasiłkami. Nie chcieliśmy z nich korzystać, ale nie mieliśmy wyboru.

Po śniadaniu zawiozłem Sebastiana do szkoły. Przybijając mu piątkę oraz żółwika, życzyłem mu miłego dnia.

Wróciłem do domu. Włączyłem komputer, następnie zacząłem kontynuować pisanie książki. Zaczęły powstawać pierwsze rozdziały. Wszystkie wydarzenia miałem zapisane w zeszycie chronologicznie. Bardzo wierzyłem w to, że jeśli książka odniesie sukces na rynku, ja będę mógł wyrwać się z kajdan zasiłków, które musiałem pobierać.

Czas minął mi bardzo szybko przy pisaniu. Zanim się obejrzałem, trzeba było jechać już odebrać Sebastiana.

Po południu mieliśmy zadzwonić do mamy. Sebastian wziął mój telefon, włączył aplikację, przez którą mieliśmy się połączyć. Przybiegł do mnie pełen energii. Delikatnie podskakując, za wszelką cenę chciał, żebym spojrzał w telefon. Była tam reklama wydarzenia, które miało odbyć się w następną sobotę – zlot super samochodów. Dziecko ciągnąc mnie za nogawkę, bardzo prosiło, byśmy tam pojechali.

Miałem mieszane uczucia. Z jednej strony musiałem kontrolować wszystkie wydatki. Z drugiej zaś, Sebastian tak dużo przeszedł przez ostatnie miesiące, że chciałem mu to w jakiś sposób wynagrodzić – by choć na jeden dzień mógł przestać myśleć o szpitalach, lekach, pociągach i tak dalej. Pogłaskałem go po głowie, potwierdzając, że pojedziemy na ten festiwal. Syn zaczął skakać z radości i dziękować, przytulając się do mnie z całych sił.

Zadzwoniliśmy do Ewy. Z tego, co mi opowiedziała, w Polsce była bardzo ładna pogoda. Żona odpoczywała, a Natalka raczkowała po salonie, dotykając kwiatów o ciemnozielonych liściach, które stały w donicy. Była ciekawa świata. U nas w domu kwiaty na ziemi nie stały, więc tym bardziej podchodziła do białych donic coraz częściej. Rozmawiałem z Ewą jeszcze chwilę, następnie rozłączyłem się, życząc wszystkim miłego dnia. Wróciłem do salonu. Sebastian włączył na telewizorze szybkie samochody. Chciał, żebym usiadł koło niego i oglądał razem z nim. Kiedy widziałem uśmiech na jego twarzy, moje serce się radowało. Postanowiłem, że bilety zamówię wieczorem przez internet, kiedy będę mieć więcej czasu. Chciałem również na spokojnie przeczytać opis całego festiwalu.

Kolejne godziny spędziłem z Sebastianem, bawiąc się z nim w jego pokoju. Odkąd usłyszał, że pojedziemy, wyciągnął z dużego pudełka tylko sportowe samochodziki. Bawiliśmy się, układając je w różnych szeregach oraz ścigając się po torze ułożonym z klocków.

Nastał wieczór. Za oknem była pełnia księżyca, a na niebie widać było gwiazdy.

Włączyłem komputer. Najpierw napisałem do Ewy, jak nam minął dzień. Następnie włączyłem link do strony festiwalu. Przeczytałem od deski do deski, na czym będzie polegać to wydarzenie. Następnie otworzyłem zakładkę „Kup bilety". Nie, tylko nie to! Obiecałem synowi, że pojedziemy, a wszystkie bilety były już wyprzedane! Zacząłem się zastanawiać, co tu robić? Jedynym słusznym rozwiązaniem było napisanie maila do organizatora, czy można jeszcze kupić bilety przy wejściu na festiwal? Dodałem, że mojemu synowi strasznie zależy na tym, aby tam być.

Od wysłania wiadomości nie minęło nawet 10 minut, gdy otrzymałem maila zwrotnego. Było w nim napisane, że spokojnie można kupić bilety na miejscu. Jakby były jakieś problemy, to proszę wydrukować tę wiadomość i pokazać ją w kasie biletowej.

Ulżyło mi. Naprawdę głupio bym się czuł, gdybym go zawiódł. Wydrukowałem maila. Chciałem mieć go już przygotowanego. Następnie otworzyłem program i napisałem parę stron książki. Na dziś wystarczy. Wyłączyłem komputer. Zszedłem na dół, żeby pooglądać telewizję. Musiałem trochę odpocząć po całym dniu.

Kolejne dni mijały nam bardzo szybko. W czwartek byliśmy na chemioterapii. Pilnowałem codziennie, aby syn otrzymywał leki. Była to bardzo ciężka praca. Trzeba było pamiętać o wszystkim. Najważniejsze było, aby nie pomylić się z dawkami. Kontrolę musiałem mieć również nad tym, czy dziecko nie ma gorączki, wymiotów, bądź biegunki. Jakiekolwiek moje obawy miały być natychmiast zgłaszane do kliniki. Jeśli była taka potrzeba, trzeba było jechać na kontrolę. Nawet w środku nocy. Pilnowałem również tego, żeby auto było zatankowane cały czas. Jakiekolwiek potknięcie nie wchodziło w grę.

Gdy rano wstałem, Sebastian już nie spał. Był bardzo szczęśliwy, ponieważ w końcu nadszedł ten dzień, na który tak długo czekał – dzień festiwalu super samochodów.

Okazało się, że znajomy również tam jechał, więc z samego rana zabraliśmy się jednym autem.

Przyjeżdżając na miejsce, można było poczuć bogactwo. Setki super samochodów były zaparkowane na ogromnym obszarze zieleni. Przechodząc między autami, dowiedziałem się, że istniała również możliwość porozmawiania z właścicielami tych pięknych maszyn. Najbardziej interesował mnie fakt, czym ci ludzie zajmowali się na co dzień, że mogli sobie pozwolić na takie cudeńka. Było tam dosłownie wszystko. Od klasycznego Lamborghini Diablo, aż po Bugatti Veyron. Zaraz obok był tor wyścigowy, na którym prezentowane były przyspieszenia danych modeli. Tysiące ludzi przyjechało na ten festiwal. Sebastian miał dużo radości z całej wycieczki. Ja również. Pojechałem tam w celu inspiracji. Takie wydarzenie motywowało mnie do dalszej pracy nad rozwojem osobistym. Obiecałem sobie jedno. Kiedyś to ja pojadę swoim super samochodem, wraz z Sebastianem, na taki festiwal. Tym razem jednak aby zaprezentować swój samochód. Oczywiście, na tamten dzień nie było mnie stać. Postanowiłem, że dołożę wszelkich starań, aby osiągnąć w przyszłości sukces finansowy.

Dźwięk z wydechów samochodów czasami był dla syna zbyt głośny. Zdarzało się, że gdy przechodziliśmy między autami, niektóre z nich miały włączony silnik, a właściciel prezentował głośność, naciskając nogą na gaz. Sebastian w tych momentach zakrywał uszy, ale dalej podziwiał, jak piękna potrafi być motoryzacja. Impreza jeszcze trwała, ale my zdecydowaliśmy się już wracać do domu. Byliśmy tam parę godzin i widać było już zmęczenie u dziecka.

Po powrocie do domu Sebastian zadzwonił do mamy. Pełen emocji wszystko jej opowiedział. Uśmiech nie znikał mu z twarzy.

Festiwal Supersamochodów

Czy to przypadek?

*W całym życiu szanuj prawdę tak, by twoje słowa były bardziej
wiarygodne od przyrzeczeń innych.*

Sokrates

Był 8 czerwca. Wraz z Sebastianem staliśmy na lotnisku w oczekiwaniu na Ewę i Natalię. Trzymałem bukiet herbacianych róż, które Ewa lubiła najbardziej. Sebastian trzymał zaś tabliczkę czekolady, którą chciał wręczyć mamie. Natalka też mogła posmakować. Mimo tego, że miała gastrostomię, lekarze pozwolili na to, by dziecko otrzymywało niewielką ilość jedzenia do buzi.

Ludzie zaczęli wychodzić przez bramki, ale naszych dziewczyn nie było widać. Czekaliśmy jeszcze chwilę. Nagle dostrzegliśmy naszą rodzinę. Sebastian szybko podbiegł do mamy i przytulił się z całej siły, nie dając jej nawet odstawić na bok walizki. Powiedział, że bardzo tęsknił za mamą oraz siostrą. Bardzo się cieszył, że już wróciły. Po chwili przywitał się z Natalią i wręczył jej kawałek czekolady. Podszedłem do żony, wręczając jej bukiet róż. Przytuliłem delikatnie. Pocałowałem. Dla córki również miałem prezent, choć niewielki. Tak samo, jak Sebastian, lubiła bawić się samochodami. Będąc na festiwalu, jako pamiątki kupiłem dla Sebastiana oraz dla Natalii po małym samochodziku. Ucieszyła się z prezentu tak bardzo, że zaczęła powoli otwierać opakowanie.

Wziąłem od Ewy ciężką walizkę. Na oko ważyła około 20 kg. Poszliśmy do samochodu. Kiedy wszyscy już wygodnie usiedli, udaliśmy się autostradą w drogę powrotną do domu. Natalia była bardzo uśmiechnięta. Następnego dnia miała obchodzić swoje 3 urodziny! Bardzo się cieszyłem, że cała rodzina znów była razem.

Rano obudził mnie dźwięk budzika. Byłem niewyspany. Ziewnąłem, przetarłem oczy i założyłem okulary. Lekko zaspany, udałem się do kuchni. Wsypałem kawę do szklanki, czekając, aż woda się zagotuje. Był to mój nawyk. Każdy dzień zaczynałem od sypanej kawy bez mleka i cukru.

Usiadłem do stołu. Odblokowałem telefon, następnie zacząłem odpisywać wszystkim, którzy wspierali nas w zbiórkach. Cały czas zastanawiałem się, jak długo będziemy musieli jeszcze czekać, aż odpowiedzą nam z urzędu?

By mieć siłę na cały dzień, przygotowałem jajecznice z bekonem dla siebie oraz Ewy. Dzieci miały jednak ochotę na omleta z dżemem malinowym.

Podczas śniadania zadzwonił pierwszy telefon z życzeniami dla Natalki od mojej mamy. Następnie telefony dzwoniły co jakiś czas.

W zwyczaju mieliśmy, że prezent urodzinowy dawaliśmy dopiero po zdmuchnięciu świeczek. Dlatego Natalia musiała poczekać jeszcze parę godzin. Dzień mijał, a my radowaliśmy się każdą chwilą.

Popijając zieloną herbatę, usłyszałem, jak listonosz wsunął listy przez drzwi. Było ich parę. Zacząłem przeglądać wszystkie koperty. Moim oczom ukazał się ten, na który tak długo czekaliśmy! Usiadłem na chwilę w kuchni, po czym delikatnie otworzyłem zawartość koperty. Uśmiechnąłem się. Sebastianowi przyznano zasiłek najwyższego stopnia do 2025 roku! Bardzo się cieszyłem, bo miało nam to dużo ułatwić podczas długiego okresu leczenia! Dojazdy do szpitala już nie musiały dłużej być tak dużym obciążeniem finansowym, jak było do tamtej pory!

Odłożyłem list na bok, następnie sprawdziłem kolejne. Prócz rachunku za wodę, znajdowała się jeszcze jedna koperta – z fundacji. Po przeczytaniu zawartości ucieszyłem się jeszcze bardziej! Było napisane, że fundacja wysyła nas 12 sierpnia na czterodniowy wypoczynek, który odbędzie się w domku nad morzem w Walii, niedaleko miasteczka Tenby!

Byłem zaskoczony. Dwa tak wspaniałe listy otrzymane w jednym dniu. Przekazałem informację Ewie, która w tym momencie ubierała Natalkę w piękną sukienkę – wzór różowych kwiatów przeplatanych różnokolorowymi liśćmi, idealnie pasujący do córki.

Gości nie zapraszaliśmy. Chcieliśmy spędzić ten czas w gronie najbliższych. Nie mieliśmy siły na to, by urządzać duże przyjęcie urodzinowe.

Do kawałka sernika kupionego w sklepie powbijaliśmy trzy świeczki, które zapaliłem. Wszyscy zaśpiewaliśmy piosenkę urodzinową dla Natalii. Byliśmy szczęśliwi! Po chwili powiedzieliśmy Natalce, aby pomyślała sobie życzenie, a następnie zdmuchnęła świeczki. Wzięła głęboki wdech i z całej siły wydmuchnęła powietrze, gasząc trzy świeczki.

Zaraz po tym, jak to zrobiła, zadzwonił do mnie telefon. Numer był nieznany, ale odebrałem. Zapytałem, w czym mogę pomóc?

Dzwonili z onkologii. Chcieli omówić ze mną ostatnie wyniki krwi Sebastiana.

Zaniepokoiło mnie to. Pojawił się lekki stres. Palce zaczęły mi się pocić oraz lekko drżeć. Nigdy nie lubiłem takich sytuacji. Przełknąłem ślinę i poprosiłem, aby kontynuowali.

Przez telefon usłyszałem, że z badań krwi jednoznacznie wynika, że rak został pokonany, i Sebastian przechodzi na etap podtrzymania do 2025 roku.

Osłupiałem. Nie wiedziałem, co mam powiedzieć. Spojrzałem tylko na Natalię, a ona uśmiechnęła się do mnie. Tak jakby chciała mi coś przekazać. Czyżby o tym pomyślała, zdmuchując świeczki? Żeby jej brat wyzdrowiał? Czy to było właśnie jej życzenie urodzinowe?

Wędrówkę w moich myślach przerwał głos w słuchawce telefonu. Podziękowałem za informację, życząc miłego dnia.

Zaniepokojona żona, widząc moją minę, podeszła do mnie. Spytała się, dlaczego jestem taki zaskoczony? Kto dzwonił, czego chciał? Przytuliłem ją. Powiedziałem, że dzwonili z kliniki. Badania krwi Sebastiana wykazały, że pozbyliśmy się nowotworu. Teraz czekała nas tylko długa droga do zakończenia podtrzymania.

Czy to był przypadek, że w dniu urodzin Natalii nowotwór zniknął? Nie sądzę.

Kiedy dzieci poszły już spać, ja wraz z Ewą usiedliśmy na kanapie w salonie. Chcieliśmy chwilę odpocząć po całym wyczerpującym, ale szczęśliwym dniu. Ustawiliśmy serial o Wikingach, który nas najbardziej interesował.

Natalia w dniu swoich urodzin

Prawdziwy wojownik

Mogę zaakceptować porażkę, ale nie mogę zaakceptować braku próby.

Michael Jordan

Mimo tego, że nowotwór zniknął, syn intensywne leczenie miał zakończyć dopiero pod koniec lipca. Do tego czasu musieliśmy co tydzień jeździć na chemioterapię, co czwartek.

Sebastian, mimo leków, które brał, starał się być aktywnym dzieckiem. Bardzo lubił sport. Nie tylko bieganie, ale także piłkę nożną. Na pierwszym miejscu zawsze stawiał sobie biegi z przeszkodami. Miał na swoim koncie parę startów w tego typu zawodach. Widać było po nim, że znów chciałby wziąć w nich udział.

Na przeszkodzie stał mu port, który miał wszyty pod skórę. Był niewielki. To właśnie w to miejsce co tydzień nasz syn miał wbijaną igłę, pobieraną krew oraz dostawał leki w klinice. Pod koniec wizyty na onkologii zawsze mu tę igłę wyciągali, następnie naklejali niewielki plaster.

Kiedy Sebastian miał zakładany port, lekarze powiedzieli, że trzeba na niego uważać. Jeśli przez przypadek się przesunie, konieczne będzie ponowne jego umieszczenie na miejscu. Tego chcieliśmy uniknąć, ponieważ Sebastian musiałby iść pod ogólne znieczulenie, którego strasznie się bał.

Co jakiś czas, podczas leczenia, syn miał nakłucie lędźwiowe. Aby dostać zastrzyk, musiał iść pod ogólne znieczulenie. Niejednokrotnie bywało tak, że dzień przed tym, dziecko źle się czuło. Bolał go brzuch, a ręce mu się trzęsły.

Gdybym tylko mógł, całe jego cierpienie wziąłbym na siebie. Jedyne, co mogłem zrobić, to być przy nim cały czas i go wspierać.

Pod koniec czerwca były organizowane biegi z przeszkodami dla dzieci o nazwie Junior Warrior. Znajdowały się one niedaleko, w Leeds. Pewnego dnia, syn spytał się, czy może wziąć w nich udział. Bardzo chciał wrócić na linię startu. Powiedziałem, że go rozumiem, ale kwestię biegów muszę uzgodnić z lekarzem. Wytłumaczyłem mu, że ma port, i jak tylko zostałby on w jakikolwiek sposób przemieszczony, musiałby wrócić do szpitala. Dodałem również, że nie wiadomo, jak długo byśmy w nim zostali.

Miał smutną minę. Zaczął mnie szarpać ze złości. Przytuliłem go. Wiedziałem, że jego zachowanie podyktowane jest braniem leków. Byłem świadomy tego, że na wszystko się nie mogę zgodzić. Obrażony poszedł do swojego pokoju, tupiąc głośno nogami na schodach. Kierując się w stronę pokoju, krzyknął, że jest to niesprawiedliwe. Nie płakał, ale trzasnął drzwiami od swojego pokoju. Położył się w łóżku i zasnął.

Zastanawiałem się, czy nie zadzwonić do kliniki. Sebastian był agresywny. Jeśli czułem coś niepokojącego, miałem się z nimi kontaktować.

Ewa podpowiedziała mi, abym poczekał, bo poszedł spać i że zobaczymy, jaki będzie miał nastrój, kiedy już się obudzi.

Ceny biletów na biegi z przeszkodami dla dzieci nie były drogie. Był to koszt, na który mogłem sobie pozwolić. Z podjęciem decyzji musiałem czekać do czwartku, do konsultacji z onkologiem.

Godziny mijały, a Sebastian dalej spał. Obudził się może po 4 godzinach. Podszedł do mnie, przytulił się, mówiąc: „Dzień dobry, tato".

Wyglądało to tak, jakby w ogóle nie pamiętał tego, co się stało. Po chwili spytał się, czy ugotuję mu makaron i usmażę 2 jajka.

Niesamowite, jak działa ludzki mózg. W ogóle nie pamiętał całego zajścia.

Kiedy u syna zdiagnozowano chorobę, miałem już wykupiony bilet na bieg Ultra Warrior. Zawsze chciałem spróbować biegu na długim dystansie. Zawody miały odbyć się w niedzielę 26 czerwca. Był jeden problem. Nie byłem kompletnie do tego biegu przygotowany, a biletu nie mogłem już komuś odsprzedać. Wiedziałem również, że jeśli pojadę sam, Sebastian będzie bardzo rozczarowany. Niestety, ale na decyzję czy może jechać ze mną, musieliśmy poczekać. Wolałem znać opinię onkologa. Moja podświadomość mówiła, że raczej będzie temu przeciwny.

Podczas intensywnego leczenia Sebastiana czekały nas trzy bardzo długie wizyty w klinice. Dwie mieliśmy już za sobą. Ta trzecia miała być najdłuższa. Szacowano, że lek będzie podawany przez ponad 4 godziny. Akurat ta terapia miała być zrobiona w tym tygodniu. Potem już cotygodniowe wizyty w klinice, aż do końca tego cyklu.

Powiedziano nam, że po 6 miesiącach intensywnego leczenia wizyty w szpitalu będą coraz rzadsze.

Następnego dnia wybraliśmy się całą rodziną na spacer. Korzystaliśmy z bardzo ładnej pogody. Za domem mieliśmy ogromny park. Powstał on na terenie starej kopalni. Ścieżek do spacerowania było bardzo dużo. Sebastian wraz z Natalią uwielbiali te, które prowadziły pod górę. Bardzo lubili oglądać widok naszego miasteczka z najwyższego szczytu parku. Dookoła można było zobaczyć piękne rośliny. Znajdował tam się również staw, w którym bardzo często można było spotkać łabędzie bądź kaczki. Uwielbialiśmy spacery w tym miejscu. Zawsze była to dla nas chwila odpoczynku od codzienności.

Do nadchodzącego biegu, który miał trwać 5 godzin, podchodziłem obojętnie. Nie byłem przygotowany. Nie trzymałem również żadnej diety. Treningi robiłem sporadycznie. Powiedziałem sobie, że jeśli nie dam rady, po prostu zejdę z trasy. Nie miałem możliwości na to, aby porządnie przygotować się do tego biegu.

Była już późna godzina. Słońce zaczęło powoli zachodzić, zmieniając kolor nieba na pomarańczowy.

Dotlenieni świeżym powietrzem, wróciliśmy do domu, a dzieci wieczorem zasnęły bardzo szybko.

Był czwartek – dzień, który mieliśmy spędzić w klinice. Ewa pomogła mi spakować plecak z jedzeniem. Był dość ciężki. Nie przypuszczałem, że prowiant może ważyć aż tyle.

Sebastian pożegnał się z mamą i Natalią. Udaliśmy się w stronę

stacji kolejowej piechotą. Auto zostawiliśmy Ewie, aby mogła zawieźć
Natalię do przedszkola.

Sebastian podczas spaceru w parku

Po dojechaniu na miejsce usiedliśmy w szpitalnej poczekalni . Po ruty-
nowej kontroli mierzenia i ważenia udaliśmy się do sali. Czekało tam
na Sebastiana łóżko. Ja do dyspozycji miałem stojący obok niebieski
fotel z drewnianymi boczkami. Dwie pielęgniarki podstawiły stojak
z dużą strzykawką wypełnioną czerwonym płynem. Podłączyli kabel
do portu, który był wszyty pod skórę syna. Maszynę ustawili na ponad
4 godziny, a lek leciał powoli.

Sebastian wyciągnął z plecaka tablet. Pomogłem mu połączyć się
ze szpitalnym internetem. Kiedy już mieliśmy dostęp, Sebastian usta-
wił sobie ulubioną bajkę o przygodach żółtej gąbki.

Poprosiłem pielęgniarkę, czy mogłaby zawołać onkologa. Chciałem z nim porozmawiać odnośnie do biegu. W odpowiedzi usłyszałem,
że przekażą informację, jeśli lekarz będzie miał chwilę, to do mnie
przyjdzie.

Czas leciał powoli. Co chwilę zerkałem na maszynę, patrząc na jej wyświetlacz. Sebastian zasnął. Siedząc na krześle, połączyłem się ze szpitalnym internetem w telefonie. Odpisałem podziękowania dla wszystkich wspierających nas osób. Następnie włączyłem notatnik i zacząłem pisać kolejny rozdział książki. Nie chciałem marnować tego czasu na głupoty, takie jak oglądanie seriali czy granie w gry. Gonił mnie czas. Do 10 sierpnia musiałem dać ostateczną odpowiedź w pracy – czy wracam, czy nie. Nie miałem jeszcze żadnej odpowiedzi z urzędu odnośnie do zasiłków. Patrząc na sytuację, do pracy wrócić nie mogłem. Kolejny raz pomyślałem, że napisanie książki pomoże mi jako dodatkowe źródło dochodu.

Pisałem w telefonie, a moją pracę przerwał onkolog, który przyszedł. Zapisałem plik, następnie opowiedziałem mu o biegu. Dodałem, że dziecko dużo przeszło i według mnie taka odskocznia dobrze by mu zrobiła. Mógłby, choć na chwilę zapomnieć o tym miejscu, w którym aktualnie przebywał.

Lekarz westchnął. Powiedział, że poniekąd mam rację. Aczkolwiek obawiał się o to, by port nie został uszkodzony. Dodał, że nie może za mnie podjąć decyzji. Jeśli jednak zdecydowałbym się na to, aby syn wziął w tym udział, musiałbym go bardzo pilnować.

Po tej rozmowie onkolog przekazał mi jeszcze wyniki badań krwi syna. Następnie wręczył mi formę na kolejną wizytę. Wydrukowany kawałek papieru miałem zanieść do recepcji. Za każdym razem, gdy to robiłem, awaryjnie brałem darmowy bilet na parking onkologiczny. Czasami zdarzyło się, że pociągi nie kursowały. Wtedy jedyną metodą transportu było przyjechanie samochodem.

Sebastian obudził się i zapytał, czy rozmawiałem z lekarzem. Odparłem, że tak. Powiedziałem mu, że pojedziemy na ten bieg, ale pod warunkiem, że będzie się trzymał blisko mnie. Że jeśli nie będzie w stanie pokonać jakiejś przeszkody lub będzie ona narażać port na przesunięcie, to ją zostawimy.

Z podłączonym kablem do ciała, Sebastian rzucił mi się na szyję i przytulił z całej siły. Podziękował mi. Wiedziałem, że chociaż tyle mogłem dla niego zrobić.

Leczenie dobiegło końca. Dostaliśmy siatkę pełną leków oraz kolejną rozpiskę dawkowania. Kiedy wróciliśmy do domu, za oknem było już ciemno.

Usiadłem z synem przy komputerze. Zamówiliśmy dla niego bilet na bieg z przeszkodami. Po raz kolejny zagościł uśmiech na twarzy małego wojownika.

Od momentu kupienia biletu minął tydzień. Nastała sobota, dzień wyjazdu. Spakowaliśmy wszystko, co było nam potrzebne. Buty, koszulkę, picie, skarpetki i tak dalej... Plecak mieliśmy wypchany po brzegi. Ledwo dopiąłem zamek. Spakowałem wszystko do bagażnika, następnie ruszyliśmy całą rodziną w drogę.

Cała sportowa wioska znajdowała się na obrzeżach miasta Leeds. Poszliśmy do rejestracji. Odebraliśmy pakiet startowy, następnie wróciliśmy do samochodu, aby się przebrać. Sebastian był strasznie podekscytowany tym, że znów ma możliwość stanąć na linii startu.

Prawdziwy wojownik

Zaczęło się odliczanie. Gdy usłyszeliśmy sygnał, ruszyliśmy na 3-kilometrową trasę pełną przeszkód, błota i wody. Nie spieszyliśmy się. Naszym celem było przekroczenie linii mety. Wszystkie przeszkody pokonywaliśmy ostrożnie. Bardzo uważałem, aby port nie uległ uszkodzeniu. Kiedy dobiegliśmy do mety, niedaleko Ewa wraz z Natalią leżały na kocu. Sebastian zaczął krzyczeć w ich stronę, aby go usłyszały. Pomachały nam uśmiechając się.

Mamy to! Zrobiliśmy to po raz kolejny! Przekroczyliśmy linię mety! Sebastian udowodnił po raz kolejny, że jest prawdziwym wojownikiem. Udowodnił również, że ograniczenia są tylko w naszych głowach.

Wzruszyłem się. Łza zakręciła mi się w oku. Każdego dnia pokazywał, że jest silny i walczy o lepsze jutro. Zupełnie tak samo, jak jego siostra, której historię opisałem w mojej pierwszej książce.

Na linii mety zostało zrobione parę pamiątkowych zdjęć przez profesjonalnego fotografa.

Po krótkiej sesji udaliśmy się w stronę, gdzie odpoczywała nasza rodzina. Ewa wraz z Natalią siedziały na zielonym kocu w białe kwiaty. Obok leżał otwarty plecak, w którym znajdowały się czyste ubrania Sebastiana. Moje zostały w samochodzie, dlatego poprosiłem Ewę o kluczyki. Zapiąłem plecak i zawołałem syna, by poszedł ze mną.

Po takich biegach brudne ubrania wraz z butami zawsze chowaliśmy do worka na śmieci. Był to jeden z najprostszych sposobów na to, by nie pobrudzić auta od błota. Przebraliśmy się, następnie wróciliśmy po Ewę oraz Natalię, zapraszając je na lody oraz pizzę.

W wiosce zawsze było pełno jedzenia do wyboru. Rozstawiliśmy się w dwie kolejki. Ewa z dziećmi za lodami, ja zaś za pizzą. Najedzeni wróciliśmy do domu. Jutro czekał mnie morderczy bieg.

Budzik zadzwonił o 5 rano. Wstałem i sprawdziłem jeszcze raz, czy na pewno wszystko spakowałem. Gdy wszyscy jeszcze spali, wyruszyłem w trasę.

Po dotarciu na miejsce odebrałem swój pakiet startowy. Ubrałem czerwoną opaskę na głowę. Swój numer przyczepiłem zaś do spodenek na cztery malutkie srebrne agrafki. Ustawiłem się na linii startu. Powiedziałem sobie, że co ma być, to będzie. Odliczanie skończyło się, a ja ruszyłem przed siebie.

Do ukończenia 3 pełnych okrążeń zabrakło mi dosłownie 2 kilo-

metrów. Byłem bardzo zadowolony z siebie. Pomimo braku przygotowania, udało mi się pokonać dystans ponad 30 kilometrów!

Odebrałem swój wymarzony medal. Następnie powolnym krokiem udałem się do wioski, aby uzupełnić stracone węglowodany. Zamówiłem dwie pizze. Gdy siadałem na krześle, moje ciało było tak
wykończone, że musiałem znaleźć punkt podparcia.

Zmęczony wróciłem do domu. Ten weekend był naprawdę udany.
Wszyscy mogliśmy, choć na chwilę odpocząć od szpitala. Spędziliśmy
razem wspólny, wspaniały czas.

Zmęczony po biegu, ale szczęśliwy.

Domek, spokój i szum morza

To brak wiary w siebie sprawia, że ludzie boją się podejmować wyzwania. Ja w siebie wierzę.

Muhammad Ali

Od czasu naszych ostatnich biegów minął prawie miesiąc. W międzyczasie Sebastian zakończył cykl intensywnego leczenia. Od tamtego momentu nasze wizyty w szpitalu z tygodnia na tydzień miały stawać się coraz rzadsze. Do kliniki jeździliśmy regularnie, co czwartek. Syn przez tamten czas nie miał żadnych przykrych incydentów, które wymagałyby dodatkowej wizyty w szpitalu.

Pewnego dnia otrzymałem list z pracy. Miałem podjąć ostateczną decyzję, czy wracam, czy nie. Umówiłem się więc na spotkanie i wręczyłem list z prośbą o roczną przerwę w karierze.

Będąc już zabezpieczony podstawowymi zasiłkami, spokojnie mogłem sobie pozwolić na taki manewr.

Wszystko zaczęło się układać. Co prawda, okres leczenia był bardzo długi, ale teraz byłem najbardziej potrzebny w domu. Nie miałem możliwości fizycznie wrócić do pracy.

Jedna z moich zbiórek umieszczona w mediach społecznościowych dobiegła końca. Siedząc przy komputerze, odłożyłem na chwilę pisanie książki i włączyłem swój profil. Następnie napisałem post, w którym podziękowałem wszystkim z całego serca za okazanie dobra i wsparcie naszej rodziny. Dziękowałem za dodawanie nam otuchy i motywacji do walki z chorobą. Byłem pewien, że bez nich wszystkich nie dałbym rady.

Drugą zbiórkę nadal mieliśmy otwartą, ale już nie udostępniliśmy jej publicznie. Jedyne powody niezamknięcia jej były związane z oczekiwaniem na przelew od szkoły. Zebrane fundusze podczas szkolnego balu przebierańców miały wpłynąć właśnie tam. Z jakiegoś powodu tak się nie stało. Od tamtego wydarzenia minęło już kilka miesięcy, więc skontaktowaliśmy się ze szkołą. Choć nie lubiliśmy się przypominać, nie mieliśmy innego wyjścia. Pani z recepcji powiedziała, że skontaktują się z fundacją i dadzą nam znać. Podziękowaliśmy.

W kuchni, koło lodówki, na ścianie wisiał kalendarz. Nasz grafik był bardzo napięty, więc wszystkie daty i godziny spotkań mieliśmy zapisane właśnie tam. Oprócz wizyt Sebastiana w szpitalu Natalia również miała wiele spotkań.

Ortopeda, USG nerek, wątroby, pęcherza moczowego, fizjoterapeuta – to tylko początek długiej listy. Staraliśmy się zorganizować wszystkie wizyty tak, aby mieć je za sobą przed wyjazdem na wakacje. Dzięki fundacji mieliśmy możliwość pojechania nad morze do Walii na 4 dni.

Niektóre daty nam nie pasowały, więc przenieśliśmy kilka wizyt na późniejszy termin. Przed nami była jeszcze jedna, czwartkowa wizyta na onkologii.

Wyciągnąłem ze schowka zakurzone walizki, wyczyściłem je, a następnie pomogłem Ewie przy pakowaniu. Moja pomoc trwała niecałą godzinę. Później musiałem zbierać się z Sebastianem na pociąg, mieliśmy wizytę w klinice. Wszyscy nie mogliśmy się doczekać wyjazdu, tak długo na niego czekaliśmy.

W piątek z samego rana planowaliśmy wyruszyć w trasę, która miała trwać ponad 7 godzin. Licząc wszystkie przystanki po drodze, szacowaliśmy, że trasa może się nawet przedłużyć do 10 godzin. Byłem pewien, że dwójka dzieci nie wytrzyma tak długiego czasu w samochodzie i że będziemy musieli robić przerwy na zmianę pieluch czy zjedzenie posiłku.

Nastał dzień wyjazdu. Wstaliśmy z samego rana. Do samochodu zapakowałem wózek, dwie walizki oraz cztery plecaki. Zjedliśmy śniadanie, po czym wsadziliśmy dzieci do samochodu. Gdy wszyscy już czekali na wyjazd, ja sprawdziłem wszystko jeszcze dwa razy. Gaz

wyłączony, światła zgaszone, drzwi od ogrodu zamknięte, okna zamknięte. Wszystko pasowało. Kiedy byłem nastolatkiem, raz w życiu
zdarzyło mi się zostawić włączoną kuchenkę przez pół dnia. Całe
szczęście była ona elektryczna, a na płycie nie stało żadne naczynie.
Od tamtej pory wszystko dokładnie sprawdzam parę razy. Zamknąłem
drzwi. Przekręciłem kluczyk w stacyjce i wyruszyliśmy na długo ocze-
kiwane wakacje.

Przejeżdżając przez piękne krajobrazy, stojąc w niechcianych kor-
kach, po niespełna 10 godzinach dojechaliśmy na miejsce. Odebraliśmy klucze od domku, wypakowaliśmy całe bagaże, a następnie rozej-
rzeliśmy się dookoła. Rozprostowałem kości, biorąc jednocześnie
duży wdech świeżego powietrza.

Kiedy już zapoznaliśmy się z każdym pomieszczeniem, wyszliśmy
na taras.

Wakacje w Walii dzięki fundacji

Widok był prześliczny. W tle widać było niewielkie klify oraz małą
wyspę.

Dzieci bardzo szybko zasnęły po długiej podróży. Ja wraz z Ewą usiedliśmy na tarasie, wsłuchując się w szum morza. Wznieśliśmy toast lampką wina za to, że wszystko zaczęło powoli się układać. Teraz jednak cieszyliśmy się chwilą, chwilą spokoju od codzienności. Co prawda nasz wyjazd trwał tylko 4 dni, z czego dwa z nich musieliśmy poświęcić na dojazd i powrót. Gdy nastała sobota, udaliśmy się do pobliskiego miasteczka Tenby.

Był okres wakacyjny, turystów było tak dużo, że mieliśmy problem ze znalezieniem miejsca parkingowego. Wtedy nie mieliśmy jeszcze kart uprawniających do parkowania na miejscach dla niepełnosprawnych. Ewa z dziećmi wyszła z samochodu, usiadła na ławce, która znajdowała się po drugiej stronie ulicy. Ja szukałem wolnego miejsca. Udało mi się zaparkować po 20 minutach, na najwyższym piętrze.

Kierując się w stronę plaży wąskimi, malutkimi uliczkami, przeciskaliśmy się między turystami. Było naprawdę tłoczno. Dotarliśmy na miejsce. Dzieci bawiły się w piasku. Mimo pełnego słońca na niebie woda w morzu była zbyt zimna, aby się w niej kąpać.

Na plaży posiedzieliśmy około 3 godzin. Zgłodnieliśmy. Ewa miała wcześniej przygotowaną listę miejsc, gdzie można było smacznie zjeść. Wybierając je, sugerowała się opiniami wystawionymi w internecie. Udaliśmy się w stronę pierwszego miejsca. Widząc, jak długa była kolejka, zrezygnowaliśmy. Poszliśmy więc do drugiego. Tam kolejka była już mniejsza, więc zdecydowaliśmy się zostać.

Restauracja była bardzo klimatyczna, swoim wnętrzem nawiązywała do nadmorskich klimatów. Dzieciom zamówiliśmy frytki z keczupem, kawałek kurczaka i sałatkę. My zaś wzięliśmy małże w sosie czosnkowym, stek z serem oraz warzywa. Jedzenie było bardzo pyszne. Zjedliśmy wszystko, a na deser zamówiliśmy sobie jeszcze z żoną po małej kawie i dla wszystkich po ciastku.

Nigdzie się nie spieszyliśmy. Nie goniły nas żadne terminy, żadne rozkłady jazdy pociągów, a przede wszystkim żadne szpitale. Delektując się kawą, cieszyliśmy się chwilą.

Miasteczko było bardzo piękne. Na tle innych, podobnych miejscowości nadmorskich, wyróżniał je jeden widok. Wszystkie domy znajdujące się nad morzem były pomalowane w bajeczne kolory, od niebieskich po różowe. Paleta barw była bardzo szeroka, każdy budynek miał inny kolor.

To wszystko wyglądało tak pięknie, niczym obraz namalowany pastelami. Nic dziwnego, że to miejsce przyciągało tak dużą ilość turystów.

Chodząc po wąskich uliczkach, kupiliśmy pamiątkowy magnes na lodówkę. Następnego dnia planowaliśmy pojechać na drugą plażę, która znajdowała się w tym samym miasteczku. Wróciliśmy do ośrodka wypoczynkowego po bardzo udanym dniu. Resztę dnia spędziliśmy tak samo, jak wczoraj – odpoczywając na tarasie i wpatrując się w morze.

Następnego dnia wstałem wcześnie rano, przygotowałem dla wszystkich śniadanie. Tym razem zaplanowaliśmy wyjazd szybciej.

Miejsce parkingowe znaleźliśmy przy plaży. Gdybyśmy przyjechali 30 minut później, wszystko byłoby już zajęte.

Ta plaża, w naszej opinii, była ładniejsza od poprzedniej. My odpoczywaliśmy, a dzieci bawiły się w piasku. Tego dnia innych planów nie mieliśmy. Spędziliśmy cały dzień na plaży, ciesząc się chwilą.

Gdy wróciliśmy do domku, zaczęliśmy się pakować. Był to bardzo udany i potrzebny wyjazd. Położyłem się szybciej spać. Przede mną było około 10 godzin jazdy powrotnej.

Gdy rano wstałem, dopadła mnie grypa żołądkowa. Wtedy już wiedziałem, że podróż do domu będzie bardzo wyczerpująca.

Kiedy jest zbyt pięknie

*Gdy na Twojej drodze pojawi się wiele przeszkód, nie pozwól, byś
Ty sam był jedną z nich.*

Ralph Marston

Wakacje minęły nam bardzo szybko. Przyszedł wrzesień. Natalia wróciła do przedszkola, a Sebastian do szkoły. Pogodę mieliśmy zmienną. Raz świeciło słońce, a następnego dnia padał deszcz. Takie już uroki tego kraju. Nigdy nie wiesz, jak masz się ubrać. Dziś akurat pogoda była umiarkowana. Na niebie były chmury. Powiewał lekki wiatr, a temperatura wskazywała 25 stopni.

Ubraliśmy dzieci w szkolne mundurki. Wsiedliśmy do samochodu i pojechaliśmy na rozpoczęcie roku szkolnego.

Ewa zaprowadzała Natalię do innej placówki. W tej, do której chodził nasz syn, przedszkole nie miało przystosowanej łazienki dla osób niepełnosprawnych. Dopiero gdy Natalia będzie chodzić do zerówki, będziemy mogli zmienić dla niej szkołę. Było to dla nas uciążliwe i czasochłonne, ale innego wyjścia nie mieliśmy.

Dzieci poszły na zajęcia. Ja wraz z Ewą wróciliśmy do domu i zaczęliśmy przygotowywać obiad.

Kiedy zbliżała się wizyta Sebastiana na onkologii, do domu parę dni wcześniej przyjeżdżała pielęgniarka. Pobierała krew do badań oraz zostawiała igłę w porcie, przez którą dziecko miało podawaną chemię. Taka wizyta pomagała nam zaoszczędzić czas w szpitalu. Było to dla mnie dużym ułatwieniem. Wypracowując sobie ten system, zaoszczędzałem parę godzin. Mogłem przyjechać z synem tylko na mierzenie oraz ważenie, a czynności związane z pobieraniem krwi i zakładaniem igły nam odpadały.

Ta wizyta miała nastąpić kolejnego dnia z samego rana, zanim Sebastian miał pójść do szkoły. Pojechaliśmy odebrać Sebastiana z zajęć lekcyjnych. Natalia była w domu szybciej, ponieważ jej zajęcia trwały tylko 3 godziny. Zjedliśmy obiad i udaliśmy się na spacer do parku. Pierwszy dzień szkoły minął nam bardzo dobrze.

Następnego dnia wstałem szybciej. Budzik miałem nastawiony na godzinę 5. Wstałem tak wcześnie tylko i wyłącznie z jednego powodu. Chciałem kontynuować pisanie książki, zanim wszyscy wstaną. Wtedy mogłem najbardziej skupić się na tworzeniu dzieła. Pisałem ją również wieczorem. Nie ukrywam, że były momenty, w których podczas pisania moje łzy spływały na klawiaturę. Nie dało się uniknąć emocji. Wiedziałem jednak, że ta książka musi powstać. Mogłaby ona później pomóc innym rodzicom w trudnych chwilach.

Pielęgniarka miała przyjść około godziny 7 rano. Przy procedurach zakładania igły, Sebastian nie płakał. Siedział grzecznie na kanapie, oglądając swoje ulubione bajki. Wszystko trwało niecałe 5 minut. Na koniec pielęgniarka spytała mnie, czy syn w ten czwartek idzie pod ogólne znieczulenie. Odpowiedziałem, że tak. Zaczynał nowy cykl leczenia. Nagle rozmowę przerwał nam Sebastian. Łapiąc mnie za koszulkę w okolicy bioder, spytał, czy na badaniach idzie spać. Gdy usłyszał, że tak, zmartwił się. Opuścił głowę w dół, ale już nic nie powiedział. Wtedy nie zdawałem sobie jeszcze sprawy z tego, jak fatalny błąd popełniliśmy, mówiąc to na głos.

Sebastian poszedł do szkoły. Jednak zauważyłem, że coś jest nie tak w jego zachowaniu. Nie odzywał się, nie uśmiechał. Jedyne, co robił, to trzymał mnie za rękę w drodze do szkoły. Gdy go zapytałem, co się dzieje, odpowiadał, że nic.

Zadzwonił szkolny dzwonek. Dzieci ustawiły się w kolejce. Przybiłem mu piątkę na pożegnanie i wróciłem do domu.

Opowiedziałem żonie o dziwnym zachowaniu syna. Odpowiedziała, że czasami tak ma. Jeden dzień jest wesoły i radosny, a innego dnia potrafi zdemolować dom. Tłumaczyliśmy to tym, że najprawdopodobniej jest to skutek uboczny leków, które musiał brać.

Mniej więcej w połowie zajęć lekcyjnych zadzwonił telefon. Dzwonili ze szkoły, aby odebrać syna szybciej, bo czuje się źle. Skarżył się na ból brzucha.

Wsiadłem do samochodu i przywiozłem go do domu.

Nie chciał nic zjeść. Nawet się nie przebrał i położył się do łóżka. Ewa zmierzyła mu temperaturę. Była w normie. Daliśmy mu odpocząć. Na bieżąco monitorowaliśmy jego zachowanie.

Sebastian obudził się po około 3 godzinach. Zszedł na dół, ale cały czas miał smutną minę. Jakby czegoś się bał. Za każdym razem, gdy próbowaliśmy z nim porozmawiać, odpowiadał, że nic się nie dzieje, tylko że jest zmęczony.

Na następny dzień nie posłaliśmy go do szkoły. Chcieliśmy, aby odpoczął przed wizytą w szpitalu.

Nastał wieczór. Położyliśmy Natalię spać. Ja zszedłem na dół, aby pozmywać naczynia, a Ewa została jeszcze w pokoju syna. Zauważyła, że dziecko zaczęło się pocić. Spało niespokojnie. Jednak temperatura nie była podwyższona.

Położyliśmy się spać. Czekał mnie długi dzień.

Gdy spałem, poczułem mocne szarpanie za mój bark i jakieś szeptanie. Przebudziłem się. Była druga w nocy. Ewa powiedziała mi, żebym się ubrał i szybko pojechał z Sebastianem na onkologię. Temperatura przekroczyła 38 stopni. Oznaczało to, że musimy natychmiast jechać do kliniki.

Przemyłem twarz lodowatą wodą, aby się obudzić. Spakowałem torbę do samochodu i ustawiłem nawigację. Ewa w tym czasie przebrała syna ze spoconych ubrań. Ledwo co doszedł do samochodu. Gdy wyjeżdżałem, Ewa poinformowała klinikę, że jesteśmy w drodze.

Czekało mnie ponad 40 minut jazdy. Gdzie mogłem, przyspieszałem. Autostrada w Leeds była cały czas w remoncie. Ograniczenia prędkości do 40 mil na godzinę w niczym mi nie pomagały. Gdyby nie stojące obok fotoradary, pewnie bym nie raz przyspieszył.

Dojechałem na miejsce.

Mieliśmy udać się na pierwsze piętro. Klinika na piętrze C była otwierana dopiero rano. Zadzwoniłem dzwonkiem. Przyjęli nas, następnie wskazali łóżko. Sebastian położył się i zasnął. Poprosiłem jeszcze pielęgniarkę o miskę na wymioty. Dziecko skarżyło się na ból brzucha, więc wszystko było możliwe.

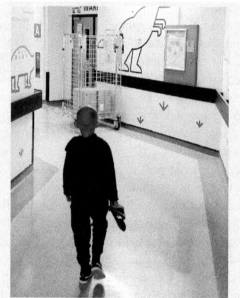

Nieplanowana wizyta w szpitalu. Godzina około 3 w nocy

Zostały wykonane wszystkie podstawowe badania. Położyłem się na rozkładanym krześle obok syna, trzymając go za rękę. Tak przespaliśmy noc. Kiedy nastał ranek, klinika na piętrze C otrzymała wszystkie niezbędne informacje. Temperatura u syna spadła. Mieliśmy tylko czekać, aż ktoś z onkologii przyjdzie po nas.

Sebastian był całkowicie zestresowany. Patrzył się tylko w drzwi, czy przypadkiem nikt nie idzie. Ta chwila nie trwała długo. Przyszedł lekarz, mówiąc, że możemy już udać się na górę. Przed wejściem do windy Sebastian mocno się mnie chwycił i nie chciał iść. Płakał. Mnie również poleciały łzy, bo widziałem jego cierpienie. Nie byłem jednak w stanie nic zrobić. Weszliśmy do sali, gdzie czekali na nas lekarze od znieczulenia ogólnego. Dziecko szarpało rękami i nogami, kopiąc przy tym jednego z lekarzy. Zasnął, dostając biały płyn do portu. Po tym incydencie stwierdziłem, że tak być nie może. Chciałem porozmawiać z onkologiem na temat zaistniałej sytuacji.

Czekałem w poczekalni, aż syn się obudzi. Wtedy mieli mnie za-wołać i wskazać łóżko, w którym leżał Sebastian.

Wszystkie informacje wysyłałem na bieżąco żonie. Martwiła się o nas.

Pisząc kolejną wiadomość do Ewy, zostałem zawołany przez pielęgniarkę. Udałem się do syna, a on przytulał swoją ulubioną maskotkę. Był to Goofy, którego dostał od mojej mamy w prezencie parę lat temu.

Obudził się. Usiadł i zaczął rozglądać się dookoła. Gdy mnie zobaczył, spytał się, czy był grzeczny? Czy nie płakał? Czy jestem z niego dumny? Nic nie pamiętał. Z jakiegoś powodu strasznie się bał tego cyklu leczenia. Dałem mu jedzenie i picie. Zapewne był już spragniony i głodny. Przed ogólnym znieczuleniem nie mógł nic jeść od momentu wczorajszej kolacji.

Gdy Sebastian jadł, przyszedł onkolog. Powiedziałem mu, że musimy porozmawiać. Przedstawiłem mu całą sytuację. Poprosiłem go, aby przy następnym rozpoczęciu cyklu anestezjolog przypisał mu jakieś leki na wyciszenie. Nie mogłem sobie pozwolić na to, aby mój syn znów przechodził taki duży stres.

Lekarz wszystko zanotował, po czym udał się dalej do pracy.

Pielęgniarki obserwowały Sebastiana jeszcze przez godzinę. Gdy wszystkie wyniki były już sprawdzone, dostaliśmy wypis.

Szpital opuściliśmy po 11 godzinach. Wróciliśmy do domu. Sebastian po przywitaniu się z mamą oraz siostrą poszedł grać na konsoli.

Usiadłem z Ewą w kuchni. Wspólnie postanowiliśmy, że gdy nadejdzie ten dzień, w którym syn będzie miał ogólne znieczulenie, nie będziemy go o tym informować. Miało to zapobiec takim incydentom, jakie doświadczyliśmy ubiegłej nocy. Nie chcieliśmy narażać dziecka na dodatkowy stres.

Mistrzostwa Europy Spartan Race

Wierz mi, jeśli możesz poszczycić się wytrwałością, dasz sobie radę bez wielu innych zalet.

Napoleon Hill

Nasze życie toczyło się dalej. Pewnego dnia, podczas pisania książki, dostałem wiadomość. Był to mail przypominający, że do końca miesiąca mam ostatnią szansę, żeby zapisać się na mistrzostwa Europy Spartan Race. Zupełnie wyleciało mi to z głowy. Klasyfikację wywalczyłem w ubiegłym roku w Szkocji, dobiegając do mety 10 w swojej grupie wiekowej. Był to najkrótszy dystans tych zawodów. Liczył sobie 5 kilometrów. W praktyce zawsze wychodziło tych kilometrów około 6. Mistrzostwa miały odbyć się niedaleko Londynu. Pomyślałem sobie, że skoro jestem na miejscu, to jest to dla mnie bardzo duża okazja, aby pobiec ten bieg. Oczywiście mało on nie kosztował.

Wystawiłem więc na sprzedaż niepotrzebne rzeczy. W ten sposób uzbierałem pieniądze, którymi pokryłem koszt biegu. Moja żona była ze mnie bardzo dumna. Cieszyła się za każdym razem, gdy realizowałem w życiu swoje cele. Nawet te najdrobniejsze. Tak się złożyło, że w czasie zawodów, do Ewy miała przylecieć rodzina.

Byłem bardzo szczęśliwy. Spartan Race biegałem już wcześniej, lecz nigdy nie miałem okazji wystartować w mistrzostwach Europy. Najgorzej było mi o wszystkim powiedzieć Sebastianowi. Wiedziałem, że będzie on z tego faktu niezadowolony i wściekły. Zapewne chciałby też jechać. Niestety, ale nie miałbym go z kim zostawić. Podchodząc do syna, kucnąłem przy nim. Wytłumaczyłem mu, że spotka się w tym czasie z rodziną. Bez skutku. Cały czas chodził rozczarowany, że nie może jechać. Obiecałem, że przywiozę mu jakąś pamiątkę. Przytulił mnie mocno i poprosił, czy pobawiłbym się z nim zabawkami. Dopiero ten argument pozwolił mu zrozumieć sytuację. Sebastian uwielbiał, jak za każdym razem, gdy miałem wyjazd na biegi, przywiozłem mu coś ze sklepiku. Najczęściej były to koszulki z pięknym wzorem Spartana.

Usiedliśmy na dywanie w jego pokoju. Rozsypaliśmy klocki na ziemię i zaczęliśmy budować różne konstrukcje. Następnego dnia wybrałem się na trening. Spojrzałem na moją sylwetkę. Wiedziałem, że czeka mnie ciężki bieg, a moja kondycja była słaba. Moim celem było po prostu ukończyć te mistrzostwa. Najbardziej jednak zależało mi na tym, aby w wiosce zobaczyć wszystkich elitarnych zawodników. Cała czołówka miała zjechać się z różnych krajów Europy. Dotychczas widziałem ich tylko w mediach społecznościowych.

Wziąłem się za trening, by choć w minimalnym stopniu przygotować się pod zawody. Był wrzesień. Miałem jeszcze niecały miesiąc na przygotowania.

Wróciłem do domu zmęczony po treningu. Natalia bawiła się w salonie, a Ewa odpoczywała na kanapie, popijając kawę. Wziąłem szybki prysznic. Po chwili musiałem jechać odebrać syna ze szkoły. Zjadłem obiad w biegu, a żona spytała mnie, czy nie zaparzyć dla mnie kawy. Odparłem, że tak, ale, jak wrócę do domu. Dałem jej całusa w policzek, następnie udałem się po Sebastiana.

Dzień w szkole minął mu bardzo dobrze. Nie mówił już nic na temat mojego biegu, co mnie trochę zdziwiło, ponieważ myślałem, że będzie mi to dalej wypominać. Kiedy Sebastian zjadł obiad, znów poprosił mnie, abym poszedł na górę pobawić się zabawkami.

Odnosiłem wrażenie, że po ostatnim incydencie w szpitalu Sebastian chciał, abym był przy nim cały czas, gdy jestem w domu. Nie wiedziałem, z jakiego powodu to wynika. Kolejne dni mijały bardzo szybko. 16 września zadzwonił telefon. Dzwonili ze szkoły Sebastiana, aby poinformować nas o zbiórce, którą organizowali. Poprosili nas, abyśmy sprawdzili, czy otrzymaliśmy wpłatę.

Zalogowałem się więc na portal, potwierdzając przelew. Podziękowaliśmy za wszystko, za to, że zorganizowali zbiórkę, za to, że byli dla nas tak mili i wyrozumiali, kiedy Sebastiana nie było w szkole. Rozłączyłem się, wyłączyłem komputer, a następnie udałem się do kuchni, aby powiedzieć wszystko Ewie.

Przygotowania do mistrzostw trwały. Starałem się regularnie chodzić na treningi, ale nie zawsze miałem na to czas. Częste wizyty naszych dzieci w różnych szpitalach nie pozwalały mi na to. Owszem, mogłem ćwiczyć w domu, ale była to jedna z rzeczy, której bardzo nie lubiłem. Uwielbiałem ćwiczyć poza domem. Nie uważałem, żeby dom był dobrym miejscem do treningów.

W końcu nastał dla mnie długo oczekiwany dzień. Był to dzień wyjazdu na mistrzostwa Europy Spartan Race. Dwa razy sprawdziłem, czy mam wszystko spakowane. Wyjeżdżałem dzień wcześniej. Do swojego noclegu miałem ponad 4 godziny jazdy. Gdy miałem przed sobą długi dystans do przebiegnięcia, zawsze wolałem się wyspać.

Pożegnałem się ze wszystkimi. Obiecałem, że dam znać, jak dojadę bezpiecznie na miejsce. Mniej więcej w połowie drogi odbierałem jeszcze kolegę, który jechał w to samo miejsce. Zanim dojechałem do hotelu, udałem się do hali sportowej w miasteczku niedaleko miejsca, w którym miał odbyć się bieg. Była tam prezentacja trasy oraz omówienie zasad na przeszkodach. Pełno ludzi z różnymi flagami stawało na podeście do zdjęć. Pierwszy raz w życiu byłem w takim miejscu. Ludzie przyjechali z całej Europy specjalnie na to wydarzenie. Już na prezentacji mogłem dostrzec elitarnych zawodników. Wyglądało to zupełnie inaczej niż w mediach społecznościowych. Niektórzy byli niscy i drobni, inni zaś wysocy i o trochę większej muskulaturze. Po całej prezentacji odebrałem swój numer startowy. Udałem się do hotelu, aby odpocząć przed jutrzejszym dniem.

Gdy rano wstałem, pogoda nie rozpieszczała. Było zimno, a do tego pojawiła się gęsta mgła. Podjechałem po kolegę, który miał hotel obok, i udaliśmy się w stronę wioski.

Będąc już na miejscu, czekałem na swój start. Para leciała mi z ust, a ja robiłem lekką rozgrzewkę, żeby nie zamarznąć. Ubrany byłem w krótkie spodenki oraz koszulkę. Mniej więcej w połowie trasy mieliśmy do przepłynięcia kawałek jeziora. Wychodziłem z założenia, że jeśli na trasie jest pływanie, to im mniej ubrań na sobie, tym lepiej.

Po krótkiej rozgrzewce przyszedł czas, aby stanąć na linii startu. Zaczęło się odliczanie. Muzyka grała bardzo głośno. Emocje były nie do opisania. Ruszyłem przed siebie. Moim jedynym celem było to, aby ukończyć mistrzostwa Europy.

Mistrzostwa europy Spartan Race

Kiedy zbliżałem się do linii mety, byłem zmęczony, ale szczęśliwy. Trasa dała mi nieźle w kość. Do momentu etapu pływackiego wszystko szło dobrze. Niestety, kiedy wyszedłem już z wody i zacząłem dalej biec, zaczęły łapać mnie skurcze. Do wszystkich przeszkód musiałem podchodzić bardzo ostrożnie. Nie liczył się dla mnie czas. Nie był on dobry. Z racji tego, że nie miałem zbyt dużo czasu na przygotowanie, nie przejmowałem się tym faktem.

Przede mną była ostatnia przeszkoda. Przeskoczyłem przez ogień i przekroczyłem linię mety. Odebrałem swój wymarzony medal. Jak to po takich biegach bywa, zacząłem rozglądać się za pizzą, żeby szybko uzupełnić węglowodany. Nie znalazłem ani jednego stanowiska, gdzie mógłbym zjeść to danie. Zamówiłem więc na szybko hot doga. Udałem się do samochodu, żeby się przebrać. Dopiero gdy byłem już czysty, wróciłem do wioski, żeby poszukać jedzenia na spokojnie oraz wstąpić do sklepu z pamiątkami.

Do domu wróciłem po północy. Ewa wraz z gośćmi jeszcze nie spała. Przywitałem się ze wszystkimi, usiadłem na kanapie i opowiedziałem całą swoją wyprawę.

Koniec

Nasz syn Sebastian podczas wakacji w Turcji maj 2023

Dodatek

Wszyscy na świecie szukają szczęścia, a jest jeden tylko sposób, aby je znaleźć. Trzeba kontrolować swoje myśli. Szczęście nie przychodzi z zewnątrz. Zależy od tego, co jest w nas samych.

Dale Carnegie

Powoli zbliżał się koniec roku kalendarzowego.

Wraz z Sebastianem, siedząc przy komputerze, zamknęliśmy naszą ostatnią zbiórkę. Łącznie udało nam się zebrać ponad cztery tysiące funtów! Pogłaskałem syna po włoskach, które zdążyły mu już odrosnąć, i mocno go przytuliłem.

Zbliżały się Święta Bożego Narodzenia. Co roku jeździłem po choinkę do jednego sklepu ogrodniczego. Mieli tam bardzo duży wybór. Najbardziej zależało mi na kolorze jasnozielonym. Taki odcień drzewka idealnie pasował do naszego salonu. Pień był trochę za duży, więc przycięli mi go na miejscu.

Sebastian wraz z Natalią pomagali przy dekorowaniu choinki. Wieszali różnokolorowe bombki na dolnych gałęziach, figurki aniołków oraz szyszki. Na sam koniec owinęliśmy wszystko lampkami. Ze wspólnej pracy wyszedł niesamowity efekt. Choinka była prześliczna. Przytuliłem moją żonę, patrząc, jak wokół bawią się nasze szczęśliwe dzieci.

Następnego dnia wstałem przed budzikiem. Mój organizm powoli zaczął się przyzwyczajać do wstawania o 5 rano. Wtedy zawsze zaparzałem sobie kawę, siadałem przy komputerze, pisząc kolejne rozdziały książki. Mimo tego, że był to dzień wigilii, nie zamierzałem robić sobie dnia odpoczynku od pisania.

Przy komputerze posiedziałem niecałą godzinkę. Znajdował się on w pokoju u córki. Nie posiadałem laptopa, tylko komputer stacjonarny. Natalka obudziła się. Po chwili usiadła i uśmiechnęła się do mnie. Ja odwdzięczyłem się jej tym samym, wysyłając jej przy okazji buziaka. Wyłączyłem komputer, ubrałem córkę i zeszliśmy na dół. Natalia poprosiła mnie, żebym włączył jej ulubioną bajkę. Gdy już oglądała telewizję, ja udałem się do kuchni. Zacząłem przygotowywać dla wszystkich śniadanie.

Dzień mijał bardzo szybko. Ewa wzięła dzieci na spacer, abym ja mógł podłożyć prezenty pod choinkę. Gdy wrócili do domu, byli zachwyceni. Powiedziałem, że Mikołaj wypił mleko, zjadł parę ciastek, ale nie mógł dłużej zostać.

Dzieci mogły otworzyć prezenty dopiero po kolacji. Taki mieliśmy w rodzinie zwyczaj.

Za oknem było już ciemno. Co prawda, śniegu nie było, ale za to klimat Świąt był bezcenny.

Podzieliliśmy się opłatkiem przed jedzeniem. Składając życzenia mojej żonie, powiedziałem, że dziękuję za wszystko, za to, że jest przy mnie cały czas, za to, że wspieramy się nawzajem. Dodałem również, że życzę jej, aby Sebastian jak najszybciej wyzdrowiał, a Natalia, by stanęła sama na nóżki.

Łza spłynęła mi po policzku. Tak wiele w tym roku osiągnęliśmy, a jeszcze tak wiele było przed nami.

Usiedliśmy do stołu. W tle leciały klasyczne kolędy, a my zabraliśmy się za posiłek.

Na kolację wigilijną przygotowaliśmy rybę po grecku, barszcz z uszkami oraz kawałek ciasta. Z racji tego, że w tym roku nie zapraszaliśmy gości, nie chcieliśmy, aby jedzenia było zbyt dużo. Nie lubiliśmy wyrzucać go do kosza. Dzieci za dużo nie zjadły. Bardziej interesowało je otwieranie prezentów. Natalka podrosła i mogła więcej jeść przez buzię. Dzięki różnym badaniom udało się to wywalczyć.

Po kolacji usiedliśmy w salonie. Sebastian zaczął czytać poprzyklejane kartki na prezenty, następnie rozdawać je każdemu.

Wszyscy siedzieliśmy do wieczora, oglądając bajki.

Parę dni później syn obchodził swoje 7.urodziny, dokładnie 30

grudnia. Pomyślał życzenie i zdmuchnął świeczki. Sebastian uśmiechnął się tylko w stronę Natalii, ale nic nie powiedział. Jego urodzinowe
życzenie pozostało dla nas tajemnicą.

Epilog

Najtrudniejsze jest zdecydowanie się na działanie. Reszta to już tylko kwestia wytrwałości.

Amelia Earhart

Ten rozdział chciałem poświęcić dla tych, którzy przeczytali moją pierwszą książkę o historii Natalii. Od momentu jej zakończenia wiele się zmieniło.

Natalia i jej uśmiech, który nigdy nie znika

Natalia ma już ponad 4 lata i świetnie sobie radzi. To, co mówili lekarze, że dziecko nie będzie w stanie samo chodzić i wyląduje na wózku inwalidzkim, można wsadzić między bajki. Dziś dziewczynka, trzymając się mojej oraz Ewy ręki, potrafi przejść na nogach około 300 metrów. Trzymając się zaś rączki od wózka, nawet i 500 metrów! Oczywiście z asekuracją.

Do tego lekarze mówili, że nie będzie w stanie sama jeść. Kolejna bujda. Bohaterka udowodniła wszystkim, którzy w nią nie wierzyli, że się bardzo mylili. Specjaliści od mowy postawili diagnozę, że dziecko nie będzie w stanie mówić wyraźnie. Oczywiście znów lekarze z danej dziedziny nie mieli racji. Natalia mówi bardzo płynnie. Zaczęła chodzić do zerówki w Anglii i bardzo szybko załapała dodatkowy język.

Nasze życie toczy się dalej. Raz są momenty radosne, a raz takie, w których musimy stawiać czoła wyzwaniom. Jednak radzimy sobie bardzo dobrze. Cały czas staram się o lepsze jutro dla Natalii, aby w przyszłości była jak najbardziej samodzielna.

Sebastian (03/02/2024)

To możliwość spełniania marzeń sprawia, że życie jest takie fascynujące.

Paulo Coelho

Od momentu postawienia diagnozy u syna minęły już 2 lata. Przez ten czas Sebastian udowodnił, że mimo przeciwności losu można bardzo dużo osiągnąć.

Ja wraz z Sebastianem

Zacznijmy od tego, że po zakończeniu intensywnego leczenia, zaczął ze mną z powrotem biegać, i to nie małe dystanse. Najbardziej odpowiadały mu odległości 5 kilometrów! Do tego zaczął uczęszczać na treningi piłki nożnej, o czym marzył od dawna. Bardzo go ten sport interesuje, a ja wraz z moją kochaną żoną daliśmy mu taką możliwość. Port, który ma pod skórą, zabezpieczamy specjalną gąbką oraz plastrem, aby go nie uszkodzić.

Sebastian chodzi już do 3 klasy szkoły podstawowej. Mimo długiej nieobecności, co jakiś czas przynosi do domu dyplom za dobrą naukę. Wraz z Ewą jesteśmy z niego bardzo dumni. Każdego dnia udowadnia, że ograniczenia istnieją tylko w naszych głowach!

Sebastian bardzo cieszy się życiem, mimo tego, że co jakiś czas musimy jeździć do szpitala na kontynuację leczenia. Uwielbia podróżować ze mną pociągiem, zbierać karty piłkarskie do albumu. Prócz piłki nożnej, pasjonuje się szybkimi samochodami. Zna prawie każdy model i nie może się doczekać, gdy w tym roku znów pojedziemy na festiwal super samochodów.

Podziękowania

Radości życia rodzinnego są najpiękniejsze na świecie, a radość, jakiej rodzice doświadczają na widok swych dzieci, jest najświętsza.

Johann Heinrich Pestalozzi

Nie było mi łatwo opisać tę całą historię. Tak samo, jak przy pisaniu mojej pierwszej książki, emocje grały główne skrzypce. Jednak udało się.

To dzięki ludziom o dobrych sercach znalazłem w sobie na tyle siły, żeby ta książka powstała.

Chciałbym ogromnie podziękować wszystkim, którzy byli z nami od samego początku postawienia diagnozy, za wspieranie nas w trudnych chwilach, za każde słowo otuchy, które nam daliście.

Zawsze czytam dzieciom wszystkie pozytywne komentarze, które piszecie pod moimi postami na mediach społecznościowych. Dzięki wam pojawiał się uśmiech na twarzach mojej rodziny, kiedy przechodziliśmy przez bardzo trudne chwile.

Leczenie Sebastiana zostało zaplanowane do połowy 2025 roku.

My działamy dalej. Nie poddajemy się. Każdego dnia staramy się o lepsze jutro.

Jeszcze raz, dziękuję wam wszystkim z całego serca!

Polecam

Serdecznie polecam moją pierwszą książkę. Znajdziesz w niej niesamowitą historię mojej córki i całą drogę, jaką musieliśmy przejść w walce o jej życie. Ta opowieść poruszy cię do głębi. Przez lekturę poznasz prawdziwą miłość, siłę do walki, cierpienie i bezradność. Jest to historia napisana prosto z serca.

Wszystkie cytaty w książce pochodzą z internetu

Wszystkie prawa zastrzeżone. Bez pisemnej zgody autora, nieautoryzowane rozpowszechnianie całości lub fragmentu niniejszej książki w jakiejkolwiek postaci jest zabronione.

Paweł Mikulicz

Autor książki oraz tata głównego bohatera to ja – Paweł.

Na co dzień dbam o swoją rodzinę całym sercem. Jestem pasjonatem sportu. Moje dotychczasowe osiągnięcia to zdobycie podwójnej triffekty Spartan Race w ciągu jednego roku, ukończenie 5-godzinnego biegu Ultra Warrior oraz zajęcie 2 miejsca w biegu trial na 8 kilometrów. Moim największym celem sportowym jest zdobycie medalu podczas biegu Spartan Ultra Beast. Małymi krokami przygotowuję się do tego wydarzenia.

W planach mam napisać kolejne książki, które pomogą wszystkim, którzy znajdą się w podobnej sytuacji.

Życzę wam, aby uśmiech nigdy nie znikał z waszej twarzy.

Możecie znaleźć mnie w mediach społecznościowych:
 Paweł Mikulicz - Autor
 pawel_mikulicz_autor

Printed in the USA
CPSIA information can be obtained
at www.ICGtesting.com
LVHW020041300524
781288LV00013B/794

9 788397 063013